전남대학교 도서관 소장

〈두껍전〉

전남대학교 도서관 소장 〈두껍전〉

인　쇄　2023년 2월 10일
발　행　2023년 2월 15일

옮긴이　김인경·조지형
발행인　정성택
발행처　전남대학교출판문화원

등　록　1981. 5. 21. 제53호
주　소　61186 광주광역시 북구 용봉로 77
전　화　(062) 530-0571～2 마케팅 530-0573
팩　스　(062) 530-0579
홈페이지　http://www.cnup.co.kr
이메일　cnup0571@hanmail.net
값 16,000원

ISBN 978-89-6849-925-8 (93800)

* 잘못된 책은 바꿔드립니다.
* 이 책의 전부 또는 일부 내용을 재사용하려면 사전에 반드시 저작권자와 전남대학교출판문화원의 동의를 받아야 합니다.

전남대학교 도서관 소장

두껍전

김인경 · 조지형 옮김

전남대학교출판문화원

새로운 연구 지평에 발을 내딛으며

전남대학교 지역문화교육연구센터가 호남지역의 문화유산에 대한 체계적이고 전문적인 연구라는 기치를 내걸고 활동을 시작한 지 올해로 15년이 되었다. 그동안은 대체로 지역의 민속 및 전통문화를 대상으로 한 연구과제의 수행에 집중하며 소기의 학문적 성과를 이루었다. 그러나 적지 않은 시간이 흐르면서 연구센터의 핵심 구성원인 연구진에 큰 변화가 생겼으며, 이로 인해 우리 연구센터에서는 학술 연구의 다변화를 모색하는 한편 다양한 지역문화 연구에 대한 요구에 지속적으로 부응하기 위해서라도 새로운 연구 지평을 개척하지 않을 수 없었다.

이에 따라 우리 연구센터에서는 이번에 새롭게 위원회를 꾸려 전남대학교 도서관 고문헌자료실에 소장된 한국학 관련 고전 자료 중에 학술적 가치가 높은 유일본, 희귀본, 선본(善本), 이본(異本) 자료들을 가려 뽑았으며, 이를 대상으로 향후 10년간 20여 권의 연구서를 순차적으로 발간하는 계획을 수립하고 본격적인 연구에 돌입하였다. 이제 그 첫 번째 연구의 결과물로 김인경, 조지형 교수가 역주하고 해제를 덧붙인 〈두껍전〉을 책으로 내놓는다.

지역학 연구의 기초 토대는 지역에서 전승 보존되고 있으면서 지역성을 잘 담고 있는 문화유산이다. 전남대학교 도서관 소장 〈두껍전〉은 무엇보다도 학계에 공식적으로 처음 소개되는 '선관적강형(仙官謫降型)' 작품의 이본(異本) 자료로서 학술적 가치가 높다. 또한 이 〈두껍전〉은 작품의 배경을 전라도 영암 월출산 일대로 설정하고 있으며 해남 수령 및 나주 특산품 등이 등장하고 서술 기법 상 판소리 사설과의 연관성이 높다는 점에서 지역문학으로서의 특질을 잘 보여주는 작품이라 할 수 있다. 하지만 고전 자료의 특성상 필사 본문이 매우 난삽하여 자료에 대한 접근은 물론 내용 파악에도 어려움이 있었다. 그런데 이번에 우리 연구센터에서 원전 판독과 입력, 현대역, 교주, 해제 작업을 거치고 더욱이 원전 영인까지 덧붙여져 〈두껍전〉이 출간됨으로써 전문 연구자들뿐만 아니라 고전에 관심 있는 일반인들도 쉽게 읽고 활용할 수 있는 신뢰도 높은 연구 결과물을 제공하게 되었다. 이에 따라 소박하나마 고전 자료에 대한 학술적 사회적 관심을 촉발하는 계기로 작용했으면 하는 기대를 담아본다.

이번 책을 시작으로 우리 연구센터에서는 연구총서를 지속적으로 발간할 계획이며 곧 두 번째, 세 번째 책을 마주할 수 있을 것이다. 하지만 이 같은 원대한 목표와는 달리 연구센터의 형편을 들여다보면 마치 가난한 집의 살림살이를 꾸려가는 듯한 느낌을 지울 수가 없다. 그러나 '단표누항(簞瓢陋巷)'에도 '흣튼 혜음'을 하지 않겠다던 선현들의 처세관과 삶의 철학을 곱씹으며, 드넓은 학적 토양 위에서 밭 갈고 씨 뿌리고 물도 대고 풀도 뽑고 벌레도 잡아가며 오곡백과의 풍년을 기대하는 농부의 마음으로 앞으로도 이 연구사업에 매진하고자 한다.

끝으로 이번 책을 간행하는 과정에서 원전 이미지자료 제공에 도움을 준 도서관 고문헌자료실과 원고를 다듬어 출간해 준 출판문화원에도 고마운 마음을 전한다.

2023년 새봄을 맞이하며

전남대학교 지역문화교육연구센터장

국어교육과 교수 노 철

차례

해제

전남대학교 도서관 소장 〈두껍전〉의 가치

1. 들어가며

〈두껍전〉은 조선 후기에 나온 작자 미상의 한글 소설이다. 현재 전하고 있는 〈두껍전〉에는 두 가지 유형의 작품이 있다. 하나는 누가 상좌(上座)에 앉을 것인가를 놓고 서로 연장자임을 다투는 쟁장형(爭長型) 〈두껍전〉으로, 보통 '우화소설'이라고 하면 이 작품을 가리킨다. 다른 하나는 천상의 선관(仙官)이었던 주인공이 죄를 지어 두꺼비의 몸으로 인간 세상에 유배되는 적강형(謫降型) 〈두껍전〉으로, 연구자에 따라 선관형, 변신형, 신화형(神話型) 등으로 부르기도 한다. 이 적강형 〈두껍전〉은 두꺼비가 부잣집 셋째 딸과 혼인하였다가 허물을 벗고 사람이 된다는 〈두꺼비 신랑〉 설화와 직접적인 관련을 맺고 있으며, 두꺼비가 은혜를 갚는 보은담(報恩談), 주인이 도망

간 노비를 찾는 추노담(推奴談) 등 여러 설화의 영향을 받은 작품으로 알려져 있다.

이 책의 대본인 전남대학교 도서관 소장 〈두껍전〉(이하 전남대본 〈두껍전〉)은 적강형에 해당하는 작품으로, 학계에 처음으로 소개되는 이본(異本)이다. 그런 만큼 이 글에서는 전남대본 〈두껍전〉이 이본으로서 갖는 특성과 의의에 초점을 맞추어 살펴보도록 하겠다.

2. 서지사항 및 이본 검토

전남대본 〈두껍전〉은 전남대학교 중앙도서관 고문헌자료실에 소장(청구기호 OC 3Q2 추13)된 필사본으로서, 집을 떠난 남편을 그리워하는 내용의 짤막한 글인 〈부군전서라〉와 합철되어 있다. 책의 크기는 32.6×21.7cm이고, 〈두껍전〉은 매면 10~11행, 매행 21~25자로 총 31장에 걸쳐 필사되어 있다. 내제(內題)는 "둑겁전 권지일"로 되어 있으나, 겉표지에는 따로 흰 종이에 '추검전'이라는 제목을 써서 붙여 놓았다. 실제로 현재 전남대 도서관 홈페이지에서도 '추검전'으로 검색해야 결과가 나오는데, 후대에 '둑겁전'이라는 글자를 잘못 판독하여 표제(表題)를 '추검전'이라고 표기한 것으로 보인다. 작품 말미에는 "이 칙 쥬인은 림소저로소이다 글시난 흉괴망필나 이 몸으로는 중이 역임니 ᄃᆞ 아아실여로ᄃᆞ"라는 필사기가 있다. 이를 통해 책 주인이 '임소저'라는 사실을 알 수 있는데, 필사자가 여성임을 밝힌 적강형 〈두껍전〉 이본들이 서너 종 더 있음을 감안했을 때, 조선 후기 여성 독자들의 소설 향유를 보여주는 방증 자료가 된다고 할 수 있다.

적강형 〈두껍전〉은 대체로 19세기 말~20세기 초 작품으로 알려져 있다. 전남대본 〈두껍전〉의 정확한 필사 연대는 확인할 수 없으나, 19세기에 활동한 판소리 명창인 권삼득(權三得, 1771~1841)과 송흥록(宋興祿, 1780년경~?)에 대한 언급이 작품에 나오는 것을 보면 비슷한 시기에 필사된 것이라고 할 수 있다.

한편, 적강형 〈두껍전〉은 현재 필사본 20여 종과 활자본 2종(〈둑겁젼 蟾處士傳〉(박문서관, 1917), 〈(변화무궁) 인둑겁젼〉(삼광서림, 1927))이 보고되었는데, 선본(善本)은 확정되지 않은 상태이다. 필사본의 내용은 대체로 대동소이하지만, 기미년(己未年)에 필사된 김동욱 소장본(이하 기미본)의 경우 다른 필사본에서 볼 수 없는 에피소드들이 포함되어 있어 적강형 〈두껍전〉 중에서도 특이한 경우에 해당한다. 전남대본 〈두껍전〉은 바로 이 기미본과 친연성을 보이는 이본으로서, 적강형 〈두껍전〉 가운데에서도 변이가 많이 나타나는 이본이라고 할 수 있다.

전남대본 〈두껍전〉의 전체 내용은 다음과 같다.

(01) 영암(靈巖) 월출산(月出山) 아래에 사는 양척기 부부는 농사를 지어 풍족하게 살지만, 마흔이 넘도록 슬하에 자식이 없음을 슬퍼하여 하늘에 기도한다.

(02) 양척기는 평소 배사못이라는 연못에서 낚시를 하며 소일하였는데, 어느 날 물고기가 모두 사라져 실망하여 돌아온다.

(03) 양척기는 물고기가 돌아오게 해달라고 하늘에 비는데, 용과 비슷한 짐승이 나타나는 꿈을 꾸고 배사못에서 두꺼비 한 마리를 얻는다.

(04) 그 두꺼비 옆에 석함(石函) 하나가 놓여있어 양척기 부부가 열어보자, 하늘이 부부의 정성에 감동하여 귀한 아들을 점지할 것이니 두꺼비를 집으로 데려가라는 글이 새겨져 있었다. 이에 부부는 두꺼비를 치마폭에 싸서 집으로 돌아온다.

(05) 어느 날 한밤중에 두꺼비가 사방에 기운을 통하더니 갑자기 쌀과 금은을 실은 행렬이 집으로 찾아와 양척기는 큰 부자가 된다.

(06) 두세 달 후 두꺼비의 요청으로 양척기 부부는 두꺼비를 양자(養子)로 삼는다.

(07) 장성한 두꺼비는 양부모(養父母)에게 백판서 댁과의 혼사를 청하면서 모친에게 어떻게 해야 할지를 알려준다.

(08) 모친은 두꺼비가 일러준 대로 백판서 댁을 찾아가 두꺼비 아들을 사위로 삼으라고 한다. 분노한 백판서는 보검으로 그녀의 목을 내리치는데, 목이 저절로 다시 붙는 것을 보고 아내와 의논하여 결국 막내딸 월선과의 혼인을 허락한다.

(09) 이때 월선은 꿈속에서 선녀를 만나 두꺼비는 본래 비를 잘못 내린 죄로 적강한 선관(仙官)이며 자신과 천정연분(天定緣分)이 깊다는 말을 듣고, 혼사를 받아들인다.

(10) 첫날밤에 두꺼비는 울고 있는 월선에게 자신의 정체를 밝히며 가위로 자기 배를 갈라보라고 한다. 월선은 꿈속에서 들었던 말이 사실임을 깨닫고, 두꺼비의 말대로 했더니 허물이 벗겨지면서 두꺼비가 옥골(玉骨) 선관으로 변신한다.

(11) 다음날 선관은 다시 두꺼비의 모습으로 돌아가 장모께 인사를 드리려고 하지만, 장모는 무서워서 이를 거부한다. 그러자 두꺼비는 손위 동서들과 차별 대우하는 부당한 처사에 서운함을 토로한다.

(12) 백판서의 생일이 다가오자 두 동서는 사냥을 하여 잔치를 준비하기로 하고, 두꺼비에게는 아무런 말도 없이 좋은 말과 사환들을 갖추어 길을 떠난다.

(13) 이 사실을 안 두꺼비도 사냥하겠다며 백판서에게 행장을 차려 달라고 하자, 백판서는 마지못하여 노마를 준비해 준다.

(14) 두꺼비는 도중에 글을 써서 하인에게 주며 산 너머 소나무 아래에 있는 중에게 전하라고 명한다. 그 글을 받은 중은 하인에게 잠시 기다리라고 한 뒤 온갖 짐승들을 무수히 잡아와서는 두꺼비를 만나러 간다.

(15) 두꺼비는 문안 인사를 하는 중에게 주문을 걸어 큰 호랑이로 변신시켰다가 다시 원래 모습으로 돌아오게 만든 다음, 이를 목격한 하인들의 입단속을 시킨다.

(16) 두꺼비의 손위 동서들은 아무것도 잡지 못하고 쉬다가 꿈을 꾸는데, 역사에게 붙들려 선관 앞에 끌려가 본래 자신들이 선관의 종이며 추노(推奴)할 것이라는 이야기를 듣는다. 등에 낙인이 찍히는 순간 꿈에서 깨어난 두 사람은 그 낙인이 실제로도 등에 있는 것을 확인한 후 허탈한 마음에 그대로 집에 돌아온다.

(17) 사냥을 많이 해서 돌아오는 두꺼비를 집 앞에서 만난 두 동서는 그 사냥감을 모두 빼앗아 자기들이 잡은 것처럼 꾸민다. 빈손으로 온 두꺼비를 보고 집안사람들 모두 비웃는 가운데, 두꺼비를 따라갔던 하인들만 두려운 마음을 갖는다.

(18) 월선은 신행(新行)을 가서 시부모에게 인사를 하고, 이 모

습을 구경한 사람들이 크게 칭찬하며 양척기 부부를 부러워한다. 신행을 마친 후 월선은 홀로 집으로 돌아온다.

(19) 백판서의 생신 연회가 성대하게 열린 날, 평안도 선천부에 사는 선관이 방문하여 집안 대대로 부리던 종을 찾는다며 백판서의 두 사위를 지목한다. 두 사람의 등에 표식이 있을 것이라는 선관의 말에 따라 확인해보니 사실로 드러난다.

(20) 분노한 백판서가 사돈인 홍판서와 정한림에게 따지자 두 사람은 각자 자신들의 아들이 맞다고 항변한다. 하지만 선관은 이들이 발뺌을 한다면서 백판서의 두 딸까지 모두 잡아오게 한다.

(21) 첫째 동서는 두꺼비의 사냥감을 빼앗은 죄 때문이라는 것을 깨닫고, 둘째 동서와 함께 선관에게 무릎 꿇고 사죄한다. 선관은 이들을 용서하는 한편, 백판서에게 자신이 막내 사위임을 밝힌다. 이에 좌중이 모두 크게 놀라며 두꺼비 사위의 신묘함을 칭찬한다.

(22) 과거시험을 실시한다는 소식이 전해지면서 양생(두꺼비)은 손위 동서들과 함께 과거를 보러 서울로 향한다. 이때 첫째 사위 홍생의 부탁으로 그의 서제(庶弟)인 홍탁을 데려간다.

(23) 홍탁은 양생이 필요한 경비를 매번 비단 주머니에서 꺼내 쓰는 것을 보고, 공주의 한 주막에서 모두가 잠자는 틈을

타 그 비단 주머니를 훔쳐 달아난다. 그는 여기저기 유람하며 다니다가 도중에 깨어나는데, 자신이 여전히 공주 주막에 있음을 알고 양생의 신묘함을 깨닫는다.

(24) 양생은 장원 급제하여 임금께 자신의 내력을 모두 이야기한다. 이에 임금은 양생에게 한림학사를 제수하고, 양부(養父)인 양척기를 예조판서로 추증한다. 이 소식이 고향에 알려지면서 월선은 언니들의 부러움을 한몸에 산다.

(25) 낙방한 손위 동서들은 먼저 고향으로 내려오던 중 공주 차령고개에서 범을 잡아 오는 역사(力士)를 만난다. 두 사람은 자신들의 분을 풀고자 그 역사에게 막내 동서를 붙잡아 도임을 방해하라는 의뢰를 한다.

(26) 약속한 날 밤에 어떤 선관이 나졸들을 끌고 와 역사를 붙잡아 가죽 부대에 집어넣은 다음 영암 산동면 쌍정자에 매달아 놓고 가버린다.

(27) 손위 동서들은 역사가 나타나지 않은 것을 이상하게 여기며 고향으로 돌아가던 중 쌍정자에 매달려 있는 역사를 발견하여 구해준다. 두 사람에게 자초지종을 들려준 역사는 그 길로 달아나다가 지나가는 해남 수령을 보고 지난밤의 선관으로 착각하여 벌벌 떨며 사죄한다.

(28) 두 동서는 후환을 두려워하며 집으로 돌아오고, 양생은 무사히 도임하여 부인과 금슬지락(琴瑟之樂)을 누린다.

(29) 그 후 백판서의 생일이 다시 돌아오자, 이번에는 양생과

월선이 주관하여 성대하게 잔치를 치른다. 이때 홍판서와 정한림은 자신들의 아들이 막내 동서 앞에서 좌불안석하는 모습을 보고 불만을 품어, 취중에 양척기를 조롱하며 시비를 건다.

(30) 이 상황을 본 양생은 이 자리에 온전한 사람은 아무도 없건만 어찌하여 짐승을 비웃고 사람을 조롱하냐며 주문을 외워 좌중에 있던 사람들을 모두 짐승으로 변신시킨다. 안뜰에 모여 있던 부인들도 이 소식을 듣고 순식간에 온갖 새와 짐승으로 변하여 소란을 피운다.

(31) 한바탕 소동이 일어난 것을 모두 지켜본 양생은 다시 주문을 외워 사람들을 원래 모습대로 돌려놓는다. 재상들이 모두 사죄하자 양생은 그들을 용서하고 위로하며 함께 잔치를 즐긴다. 이후 아무도 양생을 비웃지 않는다.

(32) 양생은 서울로 올라가 임금을 모시고 나라를 잘 다스려 태평한 세상을 이룬다. 그의 아들 삼형제 역시 젊은 나이에 급제하여 명망을 떨친다.

작품 서두에 양씨 부부가 가난하여 낚시로 연명하는 것으로 되어 있는 여타 이본들과 달리, 전남대본과 기미본은 부부가 농업에 힘써 집안 형편이 풍족한 것으로 되어 있다. 특히 작품 경개 중 (09), (16), (18), (22)～(27)은 다른 이본에는 없고 전남대본과 기미본에서만 볼 수 있는 내용이다. 또한 두꺼비와 혼인을 한 월선이 자결을 시도하는 대목과 양씨 부부가 먼저 세상을 떠나는 내용이 없다는 점도 전남대본과 기미본의 공통점이다. 두꺼비를 얻게 된 못의 이름이 '배사못'(전남대본)과 '백사못'(기미본)으로 유사하다는 점, 가죽 부대 속에 매달려 있던 역사(力士)를 두 동서가 구해준 곳이 '산동면'으로 동일하다는 점 또한 두 이본 간의 높은 친연성을 보여주는 방증이라고 할 수 있다.

다만 기미본에는 백발 노승이 찾아와 절의 중수(重修)를 위해 도움을 요청하자 양씨 부부가 황금 일만 냥을 시주하는 내용과 이후 부부의 꿈에 두꺼비가 선관으로 변신하여 나타나 자신이 양옹의 후사가 될 것이라고 예고하는 내용이 나오는데, 이는 전남대본에는 없는 부분이다. 전남대본에는 시주하는 장면이 없고, 양척기가 용꿈을 꾸는 장면이 간략하게 제시되어 있다. 또한 양척기 부부가 두꺼비 옆에 있던 석함(石函)을 열어보고 하늘이 두꺼비를 점지해 준 것임을 알게 되는 대목이 들어 있는데, 이는 전남대본에서만 보이는 독특한 설정이다.

무엇보다도 (29)~(32)는 다른 이본에는 전혀 나타나지 않고 오직 전남대본에서만 볼 수 있는 내용이라는 점에서 주목을 요한다. 뿐만 아니라 조금씩 차이는 있지만 결국 주인공이 승천(昇天)하는 것으로 마무리되는 여타의 이본들과 달리, 결말 부분에 주인공이 승천하는 내용이 없는 것도 전남대본만이 지니고 있는 고유한 특성이다.

3. 전남대본 〈두껍전〉의 특성과 의의

전남대본 〈두껍전〉은 공간적 배경이 '영암(靈巖) 월출산(月出山)'이라는 정확한 지명으로 제시된다. 적강형 〈두껍전〉은 이본마다 지명이 조금씩 다르게 나오는데, 그 예로 '전라도 월추산'(박순호 소장 쑥썹전이라), '전라좌도 월출산'(박순호 소장 둑겁전니라), '전라도 영암 월출산'(박문서관본), '전라도 월무산'(김동욱 소장 辛丑本), '경상도 영남 월춘산'(김동욱 소장 己未本), '영담리'(김동욱 소장 丁酉本), '평안도 연평 월출산'(김문기본), '평안도 영평 왈숙산'(김광순 소장 뚜겁젼이라), '조선국 일월산'(홍재휴A·B본), '조선국 열위산'(홍재휴C본) 등을 들 수 있다. 지명이 다르게 나타나는 이본들은 대체로 '영암 월출산'의 발음이 와전된 경우가 아닌가 생각된다.

또한 작품 내에서 '영암 월출산'에 대한 언급이 여러 차례 반복된다는 점, 산 아래에 있는 '배사못', 산 동쪽에 있는 '산동면, 쌍정자' 등 작품의 공간 설정이 월출산을 기준으로 하여 이루

어지고 있다는 점, 영암 근처의 지역들인 '나주', '해남' 등의 지명을 활용하고 있다는 점, "~보틈"(~부터), "~보담(~보다)", "울텅"(웃통) 등과 같은 지방 사투리 사용이 발견된다는 점 등에서 전남대본 〈두껍전〉이 지닌 지역문학적 성격을 찾을 수 있다.

한편, 적강형 〈두껍전〉의 문체적 특징으로 판소리 문체가 나타난다는 지적이 일찍부터 있었다. 세부적인 묘사의 차이는 있으나 신랑의 복장과 말 탄 모습, 신방의 기물과 차담상, 잔칫집의 흥겨운 광경과 기물 묘사 등 주로 혼례와 생일잔치 장면을 중심으로 판소리 특유의 문체가 두드러지게 나타난다는 것이다. 전남대본 〈두껍전〉에서도 같은 특성이 나타난다. 다만 차이가 있다면, 생략된 장면이 더러 있는 여타의 이본들에 비해 전남대본에서는 사설치레가 보다 다채롭고 풍부하게 이루어지고 있다는 점이다. 특히 입신출세한 주인공이 장인의 생신 연회를 주관하는 새로운 에피소드가 추가되면서, 한층 더 화려하고 풍성한 묘사가 더해졌다. 다음의 예문에서 이를 확인할 수 있다.

> 먼저 구름차일을 가져다가 잣나무로 만든 말뚝 기둥을 무수히 쳐서 백판서 집안 사방 뜨락에 백차일(白遮日)을 높게 쳤

다. 그러고는 나주(羅州) 맹석(盲席)을 세 칸 대청에 다복하게 깐 후에 네 재상이 앉을 좌석을 갖추어 두었으며 그 옆으로 세 동서의 보전(甫氈)을 놓았다. 양한림의 보전을 볼 것 같으면 삼중석(三重席)에 호피(虎皮)를 덮은 반상을 앞에 놓고, 병부(兵符) 교유서(敎諭書)를 올려 두었으며 칠광판(漆光板)을 좌우로 비껴 놓았다. 안석(案席)을 볼 것 같으면 중국 명나라풍의 작은 안석으로, 흰 수주(水紬)로 안감을 대고 일광단(日光緞)으로 겉감을 대서 바람결에 어지러이 흩날리는 모습은 보는 사람들로 하여금 놀라게 할 만하였다.

(구름ᄎᆡ일은 점가ᄒᆞ여 염음ᄂᆡ ᄇᆡᆨ목을 무수히 처다가 ᄇᆡᆨ판서 상열 ᄉᆞ뚤을 ᄇᆡᆨᄎᆡ일을 놉게 치고 나쥬지ᄆᆡᆼ석을 ᄉᆞᆷ간 ᄃᆡ청의 다복 쌀고 후의 네 ᄌᆡ승 안질 좌석을 도도와 초오코 그 엽푸로 ᄉᆞᆷ 동서 보전을 한ᄃᆡ 양할님의 보전을 볼 쑉시면 ᄉᆞᆷ즁섬의 회피 도드음 초반상 압픠 노아 병부 교유서칠광판을 좌우로 비겨놋코 안석을 볼 쑉시면 ᄃᆡ명시ᄃᆡ로 절은 안석 ᄇᆡᆨ슈주 안을 밧치고 일광당으로 의을 밧처 바람절의 남푼푼ᄒᆞᄂᆞᆫ 양은 ᄉᆞ람의 맛빗치여 비로 보기 무섭더리)

위의 예문은 전남대본 〈두껍전〉에만 나오는 대목으로, 백판서의 두 번째 생신 연회 때 좌석을 어떻게 준비했는지를 자세히 묘사하고 있다. 특히 주인공인 양생(두꺼비)의 좌석이 얼마나 호화로운가를 강조함으로써, 이전에 열렸던 백판서의 생신 연회 때와는 크게 달라진 그의 권위와 위세를 드러내는 역할을 하기도 한다.

그런데 앞에서도 언급했듯이, 이 추가된 생신 연회 에피소드는 현전하는 적강형 〈두껍전〉 이본 중 유일하게 전남대본에서만 볼 수 있는 내용이다. 특히 두꺼비 아들 덕분에 영화를 누리게 된 양척기를 비웃고 조롱한 두 사돈을 비롯하여 연회에 참석한 이들을 모두 짐승으로 변신시키는 장면은, 겉모습과 신분만으로 타인을 무시하고 차별하는 지배 계층을 우스꽝스럽게 만드는 희화화가 절정을 이룬다. 특히 첫째 동서와 그 부친이 각각 호랑이와 소로 변하여 서로 다투었다는 부분이나 백판서의 두 딸이 여우로 변하여 두꺼비보다 더 보기 흉하게 뛰어다녔다는 부분에서 골계적 성격이 강하게 드러난다.

또한 두꺼비 사위가 승천하는 내용이 없는 결말로 끝나는 것도 전남대본의 특성인데, 이러한 결말을 이해하기 위해서는 다음의 인용문을 함께 살펴볼 필요가 있다.

> 이로 보건대 세상 사람들 중 자식 없는 사람이 많지만, 다 자기가 잘못해서 자식이 없는 것이지 어찌 사람으로 태어나서

그 후사가 없겠는가? 양척기를 보건대 인심이 훌륭하고 마음이 올곧으니 천신과 후토(后土) 신명(神明)이 감동하여, 자식을 낳을 길이 없었음에도 옥황상제의 조화로 선관을 점지해 주어 세상 사람들이 보게 한 것이다. 누구라도 마음이 올곧고 인심이 훌륭하면 어찌 그런 사람에게 후사가 없게 하겠는가? 세상 사람들이여, 자식 없는 것을 원통하게 여기지 말고 마음만 올곧게 하고 인심만 잃지 마시오. 푸른 하늘은 세상 낮은 곳의 말까지 다 듣고 있으니 어찌 천지가 무심하며 천신이 모르겠는가?

(일노 보건ᄃᆡ 세상 ᄉᆞ람 ᄌᆞ식 업서 ᄒᆞ난 ᄉᆞ람이 ᄒᆞᆫᄃᆡ 다 제가 ᄌᆞᆯ못ᄒᆞ나서 ᄌᆞ식이 업난 일이지 엇지 ᄉᆞ람으로 ᄉᆞᆷ겨나서 종ᄌᆞ 업기 ᄒᆞ리요 양 판서로 볼진ᄃᆡ 인심이 거록ᄒᆞ고 마음이 고정ᄒᆞ고 인심이 거록ᄒᆞ니 천신과 후토 신명이 감동ᄒᆞ야 ᄌᆞ식은 나을 길이 업ᄉᆞ니 옥황ᄋᆡ 조하로 선관을 점지ᄒᆞ야 세ᄉᆞᆼ ᄉᆞ람이 보게 ᄒᆞ미 나무 ᄉᆞ람이라 마음이 고정ᄒᆞ고 인심의 거록ᄒᆞ면 엇지 그런 ᄉᆞ람의 후ᄉᆞ가 업긔 ᄒᆞ리요 세ᄉᆞᆼ ᄉᆞ람들아 ᄌᆞ식 엄ᄂᆞᆫ 일은 원통이 아지 말고 마음만 고정ᄒᆞ고 인심만 일치 마소 청청청비ᄒᆞ나 엇지 천지가 무심ᄒᆞ며 천신이 모를손가)

위의 인용문은 전남대본 〈두껍전〉의 결말 뒤에 첨부된 편집자적 논평에 해당하는 부분이다. 이 또한 다른 이본에서는 볼 수 없는 내용으로, 전남대본 <두껍전>만의 특색이라고 할 수 있다. 인용문에는 전남대본의 필사자가 이 작품의 주제의식을 어떻게 파악하고 있는지가 잘 드러나 있다. 즉 주인공인 두꺼비가 아니라, 미물인 두꺼비를 양자로 들여 영화를 누리게 된 양척기의 삶에 주목하여 작품을 이해하고 있으며, 넉넉한 인심과 올곧은 마음만 있으면 자식이 없는 사람에게도 결국에는 후사가 생길 것이라는 교훈을 이끌어내고 있다.

주인공인 두꺼비가 평소 자신을 모욕하던 손위 동서들을 자신이 부리던 종이라고 망신을 주어 설욕한 뒤 하늘로 승천하는 여타의 이본들에서는 주인공의 신이한 능력이 부각되기 마련이다. 하지만 전남대본의 경우는 주인공이 승천하지 않고 입신출세함으로써 그 영광이 양부(養父)인 양척기에게까지 미치고, 또 양척기의 손자이자 주인공의 아들인 삼형제가 집안의 영화를 계속 이어나가는 결말로 되어 있기에, 자식 없는 양척기가 어떻게 후사를 잇게 되었는지에 초점을 맞추어 작품을 읽을 여지가 충분히 존재하는 것이다. 특히 백판서의 두 번째 생신 연회를 다룬 새로운 에피소드를 보면, 신분이 더 높음에도 불구하고 양척기를 시기하는 두 사돈의 편협함, 무례함과 대비되어 양척기의 관대함과 순후함이 더욱 부각된다.

이처럼 전남대본 〈두껍전〉은 주인공인 두꺼비 못지않게 양부인 양척기에도 초점이 맞추어져 있으며, 두꺼비를 비웃는 사람들을 모두 동물로 변신시키는 에피소드를 첨가함으로써 겉모습과 신분만으로 사람을 함부로 판단하고 무시하는 위선적인 태도를 꼬집는 풍자적 성격이 강화된 이본이라고 할 수 있다.

| 참고문헌 |

김기형, 「변신형 〈두껍전〉에 나타난 갈등 양상과 변신의 의미」, 석헌 정규복 박사 고희기념논총 간행위원회 편, 『한국 고소설사의 시각』, 국학자료원, 1996.

김나영, 「무속의례 관점에서 본 〈두껍전〉의 구조와 의미」, 『고소설연구』 19, 한국고소설학회, 2005.

이지영, 「謫降型 〈두껍전〉의 異本 硏究」, 『덕성어문학』 7, 덕성여자대학교 국어국문학과, 1992.

______, 「謫降型 〈두껍전〉 硏究」, 『한국문학연구』 3, 경기대학교 한국문학연구소, 1993.

정규식, 「謫降型 〈두껍전〉과 爭長型 〈두껍전〉의 相關關係」, 『고소설연구』 26, 한국고소설학회, 2008.

조희웅, 『한국 고전소설사 큰사전 24』, 지식을만드는지식, 2017.

한성수, 「〈두껍전〉 연구: '己未本 두껍전'과 〈金蟾傳〉을 중심으로」, 경북대학교 교육대학원 석사학위논문, 1987.

홍재휴, 「仙官 〈두껍전〉」, 『국어교육연구』 1, 경북대학교 국어교육과, 1969.

두껍전

일러두기

1. 이 책은 전남대학교 도서관 소장 〈둑겁전〉(등록번호 190222)을 대본으로 하여 입력 교감하고 이를 현대어로 번역한 것이다.
2. 원전의 입력 과정에서 작품의 가독성을 높이기 위해 현대 국어 문법에 준하여 띄어쓰기를 실시하고 한자를 병기하였다.
3. 확연하게 드러나는 원전상의 오탈자는 { } 안에 *(교정), +(추가), -(삭제) 기호를 통해 바로잡았으며, 결락 부분에는 【 】에 결락 부분임을 표시하였다.
4. 번역문은 원의에 충실하면서도 고지식한 직역이나 지나친 의역은 피하고 가급적 쉬운 우리말로 옮기고자 고심하였다.
5. 번역문에 대한 이해를 돕기 위해 필요한 곳에 주석을 달았다.
6. 번역문에 사용된 기호는 다음과 같다.

   『 』: 책명
   「 」: 편명
   [ ] : 음은 다르지만 뜻이 통하는 한자
   ‘ ’ : 강조 인용
   “ ” : 대화

영암(靈巖)[1] 월출산(月出山)[2] 아래에 사는 한 사람이 있었는데 성은 양씨이고 이름은 척기였다. 양척기 부부는 농업에 힘써 집안 형편이 풍족하였으나 나이 사십이 넘도록 슬하에 자식이 하나도 없었다. 이에 양생 부부는 밤낮으로 자식이 없음을 서러워하고 마음 붙일 만한 데가 없어 항상 탄식하며 하늘을 우러러 자식 얻기를 축원하였다.

한편 집 근처에는 '배사못'이라고 하는 연못이 있어 양생이 낚싯대를 메고 가서 물고기 낚기를 일삼으며 세월을 보냈는데 간혹 물고기를 잡아 부부의 서러움을 풀기도 하였다. 하루는

1 영암(靈巖): 전라남도 남서부에 위치한 군으로서, 동쪽은 장흥군, 남쪽은 강진군, 북쪽은 나주시와 접하고 있음.

2 월출산(月出山): 전라남도 영암군 영암읍과 강진군 성전면에 걸쳐 있는 산으로 높이가 809m이며 기암괴석이 많아 호남의 소금강(小金剛)이라고도 불림.

연못 가운데에 낚싯대를 던졌으나 종일토록 물고기는 보이지 않고 어떤 짐승이 들었는지 요동을 치기만 하였다. 이에 양생은 동쪽 언덕에 뜬 달을 따라 집에 들어와 탄식하여 말하였다.

"물고기를 낚으며 우리 부부가 그동안 서러움을 풀었는데 이제는 그 연못에 물고기가 없으니 무슨 일을 하며 마음을 붙일까. 아아, 밝은 하늘께서는 감응하시어 저의 세세한 사정을 살피시고 다시 물고기가 생기게 해 주소서."

그러고는 부부가 함께 하늘에 빌었다.

그랬더니 비몽사몽간에 전날 항상 물고기를 낚던 연못 가운데에서 오색 빛깔 구름이 영롱하게 피어오르고 천둥 번개가 천지에 진동하였다. 이에 놀라서 급히 달려 낚싯대를 들어 둘러메고 연못가로 가니, 용과 비슷한 얼굴을 한 짐승이 입을 벌리고 내달으며 기운을 통하고 있었다. 경황 중에 깨닫고 보니 한바탕 꿈이었다. 양생이 이를 괴이하게 여겨 즉시 아내에게 말하였다.

"우리 부부가 오늘은 연못에 가서 물을 퍼내고 물고기가 있는지 없는지 알아봅시다."

그러고는 양생 부부가 온 힘을 다하여 연못의 물을 퍼내고 보니, 물고기는 없고 연못 가운데에 큰 두꺼비 한 마리가 입을 벌리고 있었다. 양생 부부가 크게 놀라 낯빛이 변하여 자세히 보았더니 두꺼비 옆에 석함(石函)이 있었다. 그 석함을 가지고 둔덕 위에 올라앉아 열어보니, 석함 안에 다른 것은 없고 글이 새겨져 있었다. 그 글은 다음과 같다.

> 척기는 보아라. 전생(前生)의 네 죄가 지극히 무거워 이생에서는 자식이 없게 하려고 하였는데 너희 부부의 마음이 올곧고 인심이 넉넉하기에 천신(天神)께서 감동하여 귀한 아들을 점지할 것이다. 부디 놀라지 말고 이 두꺼비를 데려다가 너희 집에 두면 몇 달 지나지 않아 아들을 얻게 될 것이다. 그러니 의심치 말고 데려가라.

이에 양생 부부가 서로 의논하며 말하였다.

"우리에게 자식이 없음을 하늘과 옥황상제께서 마음 쓰시고 불쌍히 여기시어 저 짐승을 점지해 주셨는가 싶으니 집으로 데려갑시다."

그러고는 치마에 두꺼비를 싸서 업고 집으로 돌아와 방에 놓았더니 이 두꺼비가 사방으로 다니면서 파리만 잡아먹고 다녔다.

하루는 양생에게 말하기를, 【……생략된 내용이 있는 듯함……】

해는 서쪽 산으로 지고 달이 동쪽 언덕에서 떠올라 밤이 깊어 삼경(三更)이 되었다. 두꺼비가 마당으로 엉금엉금 다니면서 사방으로 기운을 통하더니, 갑자기 서쪽에서 말발굽 소리가 요란하게 났다. 양생 부부가 마당으로 나가 보니 쌀 바리며 금은을 실은 말들이 들어오며

"이 댁이 양척기 양생원 댁이요?"

하고 오니, 양생 부부는 정신없이 분주하여 어찌할 줄 모르고 희희낙락(喜喜樂樂)하였다. 이에 일시에 큰 부자가 되었다.

두서너 달이 지나 두꺼비가 양생 부부 앞에 청하여 말하였다.

"어르신께 자식이 없는데 내 비록 모습은 두꺼비이나 근본은 사람이니 오늘 수양아들로 정하여 부모 자식의 의리를 맺는 것이 어떠하십니까?"

양생이 말하였다.

"우리 부부가 한평생 자식이 없음을 서러워하였는데 하늘이 너를 점지해 주셨으니 어찌 기쁘지 않겠느냐!"

그러고는 이날부터 부모 자식의 의리를 맺어 서로 즐거워하였다. 한편 두꺼비는 몸이 점점 자라 한 칸 방에 가득 찼다.

각설(却說). 하루는 두꺼비가 부친께 아뢰었다.

"세상 만물이 다 제각각 짝이 있는데 저만 홀몸으로 지내고

있으니 어찌 크게 원통하지 않겠습니까. 그러니 다른 집안에 청혼하여 부모님 두 분께 영화(榮華)를 보여드리게 해 주십시오."

부부가 크게 웃으며 말하였다.

"네 말이 기특하기는 하나 네 모습으로 어디에 가서 구혼을 하겠느냐?"

두꺼비가 말하였다.

"소자가 가르쳐 드리는 대로 가셔서 혼인을 청하면 될 것입니다. 내일 어머니께서 저 산을 넘어가면 큰 마을이 하나 있을 것이니 그 마을로 가서 백판서(白判書)를 찾아 청혼하십시오."

양생 부부가 생각해 보니, 본래 그 재상에게는 아들이 없고 단지 딸 셋만 있었다. 큰딸의 이름은 채운(彩雲)으로 홍판서(洪判書)의 며느리가 되었고, 작은딸의 이름은 매월(梅月)로 정한림(-翰林)의 며느리가 되었으며, 막내딸 이름은 월선(月仙)으로 꽃 같은 얼굴과 달 같은 자태가 두 언니들보다 빼어나고 효행(孝行)과 자질(姿質)이 이 세상에서 견줄 만한 이가 없었다.

양생 부부가 두꺼비에게 일러 말하였다.

"네 어찌 그런 가문과의 혼인을 말하느냐? 네가 사람이라 하더라도 오히려 그 댁 종도 너를 마다할 것인데 어찌 그런 말을 하느냐?"

두꺼비가 대답하였다.

"어머니께서는 염려하지 마십시오. 백판서를 만나 제 몸의 형용을 말씀하시면 응당 판서가 크게 노하여 종을 불러 내쫓으라고 할 것입니다. 어머니께서는 백판서가 묻지 않아도 제가 일러드리는 대로 말씀하십시오. 또 악쓰고 크게 소리를 지르며 '이 댁이 하루아침에 망할 것이니 어서 우리 두꺼비 아들을 사위로 삼으십시오.'라고 하면 판서가 더욱 노하여 어머니를 죽이려고 할 것입니다. 이때 다시 '우리 두꺼비 아들을 사위로 삼는 것에 어찌 그토록 성을 내십니까.'라고 하면 더더욱 어머니를 죽이려고 할 것이니, 그것은 제가 여기서 방비할 것입니다. 그러니 조금도 염려하지 마시고 혼인 허락만 받아 오십시오."

이에 모친이 마지못하여 백판서 댁 사랑에 올라가 처음부터 끝까지 두꺼비가 일러준 대로 다 행하니, 백판서가 크게 노하여 서안(書案)을 치며 말하였다.

"어서 저 할미를 내쫓아라."

그러나 하인들은 감히 내치지 못하였다. 그러자 두꺼비 모친이 더욱 소리를 지르며 말하였다.

"만일 우리 두꺼비 아들을 사위로 삼지 않으면 이 댁이 하루아침에 망할 것이니 어서 빨리 우리 두꺼비 아들을 사위로 삼으십시오. 어찌 그토록 성을 내십니까!"

이에 백판서가 더욱 크게 노하여 보검(寶劍)을 빼서 두꺼비 모친의 목을 내리쳤는데, 칼날 빛이 번뜩이며 목이 떨어져 데굴데굴 구르다가 다시 저절로 붙더니 두꺼비 모친이 더욱 소리를 크게 질렀다.

이때 막내딸 월선은 바느질을 하다가 잠깐 졸았는데, 비몽사몽간에 하늘에서 한 선녀가 내려와 월선의 손을 잡고 말하였다.

"옥정(玉庭)[3] 선관(仙官)과 소저는 하늘이 정해준 연분(緣分)이 깊습니다. 그런데 소저는 먼저 인간 세상에 내려오셨고 선관은 그대로 계시다가 비를 잘못 내렸다 하여 상제께 죄를 짓고 지난달 인간 세상에 내쳐질 때 두꺼비 허물을 쓰고 영암 월출산 아래 배사못에 잠겨 있다가 양척기의 집으로 들어갔으니 부디 그 인연을 저버리지 마십시오."

이즈음에 월선은 두꺼비 모친이 지르는 소리에 놀라서 깨어나니 선녀의 말이 귀에 쟁쟁하였다. 밖에서는 백판서가 크게 노하여 말하였다.

"세상에 이런 일은 처음 보는구나."

---

[3] 옥정(玉庭): 옥황상제의 궁궐에 있는 뜰. 천상의 세계를 가리킴.

그러고는 종을 불러 저 할미를 어서 빨리 밖으로 내치라 하고, 바로 내당(內堂)으로 들어가 부인에게 말하였다.

"우리 집 운수가 다하였는지 천만뜻밖에도 영암 월출산 아래 산다고 하는 할미 하나가 와서 혼인을 청하기에 내가 분노하여 칼을 빼서 할미의 목을 쳤더니 목이 떨어져 데굴데굴 구르다가 도로 붙어서 말을 계속하더이다. 천지간에 이런 일은 처음 보았소. 어찌하면 좋겠소?"

부인이 말하였다.

"이는 분명 괴변이니 옳고 그름은 차치하고서라도 신랑이나 얌전하거든 혼사를 치릅시다."

대감이 말하였다.

"사람도 아니고 두꺼비 아들을 두었다며 청혼을 하는데 이 일을 어찌하면 좋단 말이오?"

이때 월선이 곁에 앉아 있다가 몸가짐을 가다듬고 말하였다.

"아버지께서는 너무 근심하지 마십시오. 집안의 운수이니 너무 염려하지 마십시오."

그러자 부인 또한 말하였다.

"대감의 말씀을 듣자오니 그저 마다하지는 못할 듯하니 할미를 다시 불러 보시지요."

대감이 두꺼비 모친을 불러 만나보니 과연 목에는 피 한 점이 없었으며 칼을 맞은 흔적도 없었다. 이에 대감 부부가 이 일이 괴변인 줄 깨닫고 어찌할 길이 없어 두꺼비 모친을 달래며 말하였다.

"혼인은 하자고 하는 대로 하리다!"

그러고는 혼인 날짜까지 택일(擇日)하여 주니, 두꺼비 모친은 그것을 받아가지고 집으로 돌아왔다.

양생과 두꺼비가 택일단자(擇日單子)[4]를 보니 정월 15일로 되어 있어, 한편으로는 초행(醮行)[5]할 채비를 하였다.

이때 백판서의 둘째 딸이 월선을 붙들고 통곡하여 말하였다.

"월선이의 팔자가 어찌 이리도 참혹하단 말이냐!"

하지만 월선은 지감(知鑑)[6]이 있어 '진짜 짐승이라면 귀인의 댁에 감히 구혼을 하겠어?' 하며 지난번 꿈을 생각하였다. 그러고는 두 언니에게 말하기를,

"이 또한 내 팔자요 집안의 운수인 것을 어찌하겠어요."

라고 하는데 그 말하는 태도가 태연자약하였다.

이때 양치기 집에서 납채(納采)[7]를 가져왔는데 각색(各色) 비

---

4 택일단자(擇日單子): 혼인 날짜를 정하여 상대편에게 적어 보내는 쪽지.

5 초행(醮行): 신랑이 초례를 지내기 위하여 처가로 감.

6 지감(知鑑): 사람을 잘 알아보는 능력.

7 납채(納采): 혼인할 때에 사주단자의 교환이 끝난 후 정혼이 이루어진

단이며 금비녀 등속이며 옥지환, 은지환을 무수히 가져왔다.

정해진 날이 금방 다가와 혼삿날이 되자 신랑이 온다 하니 신붓집에는 상하 노복(奴僕)이며 남녀노소 할 것 없이 구경하려는 사람들이 구름처럼 모여들었다.

이때 신랑의 옷차림새를 볼 것 같으면, 빛깔 좋은 추라단(秋羅緞)[8] 저고리를 걸치고 흰 수주(水紬)[9] 바지를 입었으며 통대자(通帶子)[10]를 허리에 띠어 앞가슴의 옷깃을 눌러두고 남색 수주 중치막[11]에 한산 모시 푸른 도포를 맵시 있게 떨쳐입고 사모를 비스듬히 쓰고 금안장을 얹은 준마에 엉금섬적 올라앉아 안장에 턱을 걸고 입을 넙죽넙죽하며 왔으니 그 거동이 오죽했겠는가. 넓은 입을 넙죽넙죽하며 턱은 빨딱빨딱하고 눈은 끔적끔적하며 들어오니 그 모습과 그 태도는 천지간에 처음 보는 것이었다.

두꺼비가 신부의 집에 들어가 말에서 내려 입을 넙죽넙죽하

증거로 신랑 집에서 신붓집으로 보내는 예물.

8 추라단(秋羅緞): '추라'는 얇고 가벼우면서 줄무늬가 있는 견직물을 말함.

9 수주(水紬): 품질이 좋은 비단의 하나.

10 통대자(通帶子): 전대처럼 속이 비게 짠 띠.

11 중치막: 벼슬하지 않은 선비가 소창옷 위에 덧입던 웃옷. 넓은 소매에 길이는 길고, 앞은 두 자락, 뒤는 한 자락으로 되어 있음.

며 엉금엉금 걸어 초례청(醮禮廳)[12]에 올라가니, 멀고 가까운 친척들과 상하 노복과 구경하는 사람들이 크게 놀라 낯빛이 변하여 엎어지고 자빠지는 사람이 부지기수(不知其數)였다. 장모는 이불을 덮어쓰고 대성통곡을 하다가 기절하여 어찌할 줄을 몰랐다. 두 언니는 동생의 신세를 생각하며 슬픈 마음을 금치 못하였다.

대례(大禮)를 치른 후에 두꺼비가 신부 방에 들어가서 사방을 둘러보니 방안의 꾸밈이 찬란하였다. 하얀 능화지(菱花紙)[13]를 바른 벽에 푸른 능화지로 띠를 두르고 각장장판(角壯壯版)[14]에 소란반자[15]에 경대(鏡臺)[16]의 경감(鏡鑑)[17]을 여러 가닥의 술로 장식하고 용장(龍欌)[18], 봉장(鳳欌)[19], 귀뒤주[20]며 자개 함

12 초례청(醮禮廳): 혼례를 치르는 장소.

13 능화지(菱花紙): 마름꽃의 무늬가 있는 종이.

14 각장장판(角壯壯版): 질기고 두터운 종이에 기름을 먹여 바르는 장판.

15 소란반자: '반자'는 천장을 평평하게 만드는 구조물로, 소란반자는 주로 고급 주택에 사용되며 화훼 무늬를 조각하거나 단청을 사용하는 경우가 많음.

16 경대(鏡臺): 거울을 버티어 세우고 그 아래에 화장품 따위를 넣는 서랍을 갖추어 만든 가구.

17 경감(鏡鑑): 거울.

18 용장(龍杖): 용의 모양을 새긴 옷장. 원문의 '능중'은 용장의 오자임.

19 봉장(鳳欌): 봉황의 모양을 새겨 꾸민 옷장.

20 귀뒤주: 느티나무로 앞면을 만든 쌀 뒤주.

롱(函籠)[21], 반닫이[22]며 샛별 같은 요강과 대야를 반짝반짝하게 닦아 늘어놓고 초록빛 수주 누비이불, 공단(貢緞)[23] 대단(大緞)[24] 자줏빛 수주 이불, 야장의(夜長衣)[25]를 지어 넌지시 걸어 놓았다.

다담상의 차림새를 볼 것 같으면, 옴방통방 오리탕에 꼬끼오 계탕(鷄湯)[26]에 푸드덕 꿩 다리에 곰국, 화적(火炙)[27] 등 화려한 진수성찬을 갖추었으며 어적(魚炙)에 생선 반찬에 고기반찬 등을 많이 쌓아 올렸다. 그러나 두꺼비는 좋은 음식은 먹지 않고 입을 넙죽넙죽 딱 벌려 파리만 잡아먹으면서 해가 지기만을 기다렸다.

어느덧 저녁이 되자 두꺼비는 저녁밥을 물리고 촛불을 돋우어 켜고는 풍월을 읊었다. 한편 판서 부부는 낭자를 간신히 달래어 신방으로 들여보냈다. 두꺼비 거동 보소. 제 방식대로 신

21 함롱(函籠): 옷을 넣는, 큰 함처럼 생긴 농.

22 반닫이: 앞의 위쪽 절반이 문짝으로 되어 아래로 젖혀 여닫게 된, 궤 모양의 가구.

23 공단(貢緞): 두껍고 무늬는 없지만 윤기가 도는 고급 비단.

24 대단(大緞): 중국에서 나는 비단 중 하나.

25 야장의(夜長衣): 잠옷을 이르던 말.

26 계탕(鷄湯): 닭고기와 무 조각을 함께 넣고 끓인 맑은장국.

27 화적(火炙): 생선이나 고기 따위를 양념하여 대꼬챙이에 꿰어 불에 굽거나 지진 음식.

부를 맞이하여 자리에 앉으니 신부는 나삼(羅衫)으로 얼굴을 가리고 눈물을 흘렸다. 그러자 두꺼비가 말하였다.

"어찌하여 백년손님을 보고 우는 것이오?"

신부는 두꺼비가 말하는 것을 신기하게 여겨 대답하였다.

"우리 집은 대대로 공후거족(公侯巨族)으로 지내오다가 부친께서 자손이 없어 서러워하셨는데 우리 세 자매를 두시어 천금주옥(千金珠玉)같이 귀하게 길렀습니다. 두 언니는 공후(公侯) 집안에 시집을 갔고 나도 부모님께서 사랑하고 아껴주신 것을 조금이라도 갚고자 하였습니다. 그런데 나는 전생에 무슨 죄를 지었길래 이 지경이 되어 그대와 삼종지의(三從之義)[28]를 맺게 되었나를 생각하니 어찌 슬프지 않겠습니까."

두꺼비가 말하였다.

"내 말을 들어보오. 다름이 아니라 나도 본래 천상에서 비를 만들던 용의 아들이었는데, 인간 세상에 비를 잘못 내려준다 하여 그 죄로 상제께서 두꺼비 허물을 씌워 내치셨다오. 마침 양칙기의 수양아들이 되어 그대와 연분을 맺게 된 것이니 난들 어찌 두꺼비 되기를 좋아했겠소? 그대는 가위를 가지고 나

---

28 삼종지의(三從之義): 예전에, 여자가 따라야 할 세 가지 도리를 이르던 말. 어려서는 아버지를, 결혼해서는 남편을, 남편이 죽은 후에는 자식을 따라야 했음. 『의례(儀禮)』「상복(喪服)」에 나오는 말.

의 배를 갈라 보시오."

월선이 그제서야 '지난번에 꿈꾼 일과 같구나.'라고 생각하고, 대답하였다.

"세상 만물이 어찌 배를 가르고도 살 수 있습니까?"

이처럼 의심하자, 두꺼비가 말하였다.

"배를 갈라야 이 허물을 벗을 것이니 조금도 의심하지 말고 배를 가르시오."

이에 월선이 가위를 가지고 두꺼비의 배를 가르자 그 허물이 벗겨져 저절로 둘둘 말려 윗목으로 가고 난데없는 옥골(玉骨) 선관(仙官)이 나타나 앉아 있었다. 그 풍채는 두목지(杜牧之)[29] 같았는데 마치 보름달이 먹구름을 헤치고 나온 듯하였다. 월선이 그제서야 '지난번 꿈속의 일이 허사가 아니었구나.'라고 생각하고, 선관을 흠모하였다.

선관 또한 눈을 들어 월선을 잠깐 보니, 정숙한 지덕(知德)이며 아리따운 자태가 사람의 마음을 놀라게 하였다. 이에 선관이 목소리를 나직하게 하여 말하였다.

"그대가 나를 보고 놀랄 것 같아서 잠시 허물을 벗었소만 내일 다시 쓰고 있다가 기한이 다 찬 후에 벗을 것이니 부인은

---

29 두목지(杜牧之): 당나라 때의 시인. 호방하고 화려한 시풍과 뛰어난 풍채로 유명함.

천기를 누설하지 마시오."

그러고는 촛불을 물리치고 원앙금침에 두 사람이 드니 그 도도한 즐거움을 어찌 이루 다 말할 수 있으리오.

다음날 아침에 월선이 신방에서 나왔는데 기색이 자연스러웠을 뿐만 아니라 오히려 좋아하는 낯빛이 있으니 부모, 동생, 일가친척 및 노복들이 서로 눈짓을 하며 말하기를,

"제 팔자가 두꺼비 만날 팔자였나 보다."

하고 서로 입을 삐쭉삐쭉하였다. 【……생략된 내용이 있는 듯함……】

두꺼비가 엉금엉금 걸어 나와 장인을 보고 말하였다.

"장모를 뵈려고 합니다."

그 말을 듣고 장모가 말하였다.

"무서워서 안 보련다."

그러자 두꺼비가 엉금엉금 헐떡헐떡하고 나오며 군말하여 말하였다.

"어찌 백년손님을 안 보겠다고 하십니까?"

그러고는 분을 이기지 못하여 신방으로 건너갈 때 눈을 끔적끔적하고 침을 꿀떡꿀떡 삼키며 네 발로 풀쩍풀쩍 뛰어가니 장모가 그 광경을 보고 혼비백산하여 정신을 차리지 못하였다. 두꺼비가 대감에게 말하였다.

"내 비록 짐승이지만 똑같은 사위입니다. 두 사위는 저렇게 사랑하면서 나는 업신여기고 대접을 잘해 주지 않으니 그런 도리는 없습니다!"

그러자 방안 사람들이며 두 사위가 박장대소하였다.

이때 백판서의 생일이 다가오자 두 사위가 장인께 아뢰었다.

"저희가 사냥이라도 해다가 장인의 생신 잔치에 쓰도록 하겠습니다."

그러고는 사냥 갈 계획을 세웠는데 보라매를 받쳐 들고 냄새 잘 맡는 사냥개에 걸음걸이가 재빠른 사환(使喚)[30]들을 무수히 데리고 발이 빠른 준총마(駿驄馬)에 금안장을 얹어서 타고 갔다.

이에 두꺼비가 옆에 앉아 있다가 장인께 아뢰었다.

"동서들이 사냥을 가면서 저에게는 청하지도 않고 갔습니다. 저도 사냥을 가고자 하니 느리고 둔한 말이라도 내어주시면 사냥을 가겠습니다."

그러자 백판서가 크게 웃으며 말하기를,

"네가 짐승이거늘 무슨 사냥을 하겠느냐!"

하면서 못 가게 하니, 두꺼비가 말하였다.

30 사환(使喚): 잔심부름을 하는 사람.

"사냥은 못 하더라도 구경이라도 하고자 하니 행장(行裝)이나 차려주십시오."

이에 백판서가 마지못하여 느리고 둔한 말을 차려주고, 하인들에게 말하였다.

"두꺼비를 따라가서 하는 대로 보고 다시 데리고 오라."

한편 두꺼비는 하인들에게 말하였다.

"너희들은 내가 가르쳐준 대로만 행동하여라."

이에 사환들이 군말하기를,

"나중에 어떻게 되는지 보자."

라고 하였다.

두꺼비와 하인들이 한참 길을 가다 보니 층암절벽(層巖絶壁)이 반공에 솟아 마치 은하수가 있는 하늘처럼 두 눈에 또렷하게 들어왔다. 높이는 천만 장이나 하였고 폭포수는 푸른 하늘에 걸려 있었으며 날짐승 길짐승들이 골짜기마다 왕래하였다.

두꺼비가 말에서 내려 비단 주머니에서 붓과 먹을 꺼내어 배자[牌子][31]를 써서 하인에게 주며 말하였다.

"저 산을 넘어가면 소나무 아래에 어떤 승려 하나가 있을 것이니 이것을 그 승려에게 전해주어라."

31 배자[牌子]: 조선시대 존귀한 신분의 사람이 비천한 신분의 사람에게 써서, 서리나 노복을 시켜 보내는 편지.

하인들은 두꺼비의 말을 가소롭게 여겼으나 시험 삼아 그 배자를 받아 가지고 산을 넘어가 보니, 과연 백발 노승 하나가 반송(盤松)[32] 아래에 있었다. 이에 배자를 전해주었더니 그 승려가 받아 보고 물었다.

"무엇에 쓰려고 하는가?"

그러고는 하인들에게 "잠깐만 여기에서 기다리게." 하고는 그곳을 떠나갔다.

얼마 후 승려는 토끼, 사슴, 노루, 장끼, 까투리 등을 무수히 잡아 가지고 돌아왔다. 그러고는 하인들에게 함께 두꺼비가 있는 곳으로 가자고 하였다. 이에 하인들이 마음속으로 놀라 서로 말하였다.

"필경 무슨 일이 있을 것만 같다. 두꺼비라고 만만하게 보다가는 큰 환난을 겪을 것이니 우리 대감마님보다 두꺼비가 더 무섭구나."

그 승려가 두꺼비 서방 앞에 와서 문안 인사를 하니 두꺼비가 승려에게 무슨 분부를 하며 진언(眞言)[33]을 외쳤다. 그러자 승려 또한 소리를 크게 지르더니 죽장(竹杖)을 던지고 장삼(長

32 반송(盤松): 키가 작고 가지가 옆으로 퍼진 소나무.

33 진언(眞言): 비밀스러운 어구라는 뜻으로 여기서는 주문(呪文)을 의미함.

衫)을 벗고 진언을 외우니 뇌성벽력이 천지에 진동하며 승려는 온데간데없고 천 근 대호(大虎) 한 마리가 입을 헤벌리고 으르렁거렸다.

그러자 하인들이 크게 놀라 낯빛을 바꾸고 두꺼비 서방님을 부르며 "살려 주십시오." 하고 무수히 애걸하였다. 이에 두꺼비가 또 무슨 진언을 외우자 천둥소리가 그치더니 범은 온데간데없고 다시 승려가 죽장을 짚고 서 있었다.

두꺼비가 하인들에게 분부하였다.

"너희들이 집에 돌아가서 이러한 사실을 누설하면 죽을죄로 다스릴 것이다."

하인들은 몸을 굽혀 "분부대로 거행하겠습니다." 하고 집으로 돌아왔다.

이때 두 동서는 사냥을 와서 눈먼 새 한 마리도 잡지 못해 마음이 심란하여 경치 좋은 곳에서 쉬고 있었다. 그런데 홀연 비몽사몽간에 어떤 역사(力士)가 달려와 두 동서를 잡아가지고 한 골짜기로 들어갔다. 그곳의 산세(山勢)는 엄숙하였으며 수목(樹木)은 하늘에 닿을 듯하였다. 그 안에 한 궁궐이 있어 들어가 보니, 선관 한 사람이 백우선(白羽扇)[34]을 들고 말하

34 백우선(白羽扇): 새의 흰 깃을 가지고 만든 부채.

였다.

“너희들은 백판서의 사위들이 아니냐?”

“과연 그렇습니다.”

선관이 말하였다.

“너희들이 이 댁의 종인 줄은 아느냐? 이후에 추노(推奴)[35]하러 갈 것이니 그때 어기는 일이 없게 하라.”

그러고는 두 사람의 웃통을 벗기고 등에 낙인[36]을 찍었는데, 정신을 차려 보니 남가일몽(南柯一夢)이었다. 두 사람이 꿈 이야기를 하고는 서로 옷을 벗고 보니 과연 등에 낙인이 찍혀 있었다. 이에 허망하여 사냥도 하지 못하고 빈손으로 돌아왔다.

한편 두꺼비는 사냥을 많이 해서 가져왔는데, 두 동서는 두꺼비가 무더기로 사냥한 것을 빼앗아 가지고 먼저 집으로 가며 “우리가 빼앗았다는 말을 하지 말라.” 하고는 먼저 들어가 버렸다.

두꺼비가 턱을 안장에 걸고서 눈을 끔적끔적하고 집으로 들

35 추노(推奴): 도망간 노비를 수색하여 붙잡아 데려오는 것을 말함. 조선 시대에 노비가 소유주의 거주지를 이탈하여 외지(外地)에 가서 살았을 때 소유주가 이를 찾아가서 사실을 밝히고 해당 노비나 그 후손들로부터 공포(貢布) 또는 몸값을 징수하였음.

36 낙인: 원문의 ‘투서(套署)’는 노비의 소유를 나타내기 위해 몸의 일부분에 글자를 새겨넣는 표식을 가리킴.

어가니 장인, 장모와 노복들이 박장대소하며 말하였다.

"그러면 그렇지, 제까짓 것이 짐승인데 무슨 사냥을 할까?"

그러고는 입을 삐죽삐죽하며 흉을 보았다.

그러자 두꺼비와 함께 갔던 하인들이 자기 동료들에게 눈치를 주며 말하기를,

"우리 막내 새 서방님은 두꺼비가 아니다. 나중에 결국 어떻게 되는지를 잘 봐라."

하며 저희들끼리 수군수군거렸다.

한편 월선이 모친께 아뢰었다.

"부친의 생신 잔치가 얼마 남지 않았으니 신행(新行)[37]을 하여 시부모님 두 분을 뵙게 해 주세요."

부인이 마음속으로 생각하기를,

'무슨 정이 있길래 시부모를 위로하고자 한단 말이냐.'

하며 월선의 속마음을 알지 못하여 한참을 깊이 생각하였다.

두 언니가 말하였다.

"동생은 어찌 그런 것들을 시부모라고 하느냐?"

월선이 몸가짐을 가다듬고 대답하였다.

"천지 음양의 기운에 따라 삼종지례(三從之禮)를 이루었으니

37 신행(新行): 혼인할 때에 신랑이 신붓집으로 가거나 신부가 신랑 집으로 감.

어찌 시부모가 아니겠어요? 시부모가 아니라고 하는 것은 금수나 마찬가지예요."

두 언니는 동생을 위로하려다가 도리어 겸연쩍고 부끄러워졌다. 부인이 대감을 청하여 월선의 말을 낱낱이 전하니, 대감이 말하였다.

"그 말이 참 장하도다. 말하는 것을 보니 나중에 좋은 일이 생겨 우리 집안을 빛내겠구나."

그러고는 즉시 월선에게 신행을 가도록 하였는데, 그 위의(威儀)가 매우 찬란하였다.

한편 월선이 신행을 간다고 하자 비복 등이 서로 다투어 시중을 들려고 하였다. 녹의홍상(綠衣紅裳)을 차려입은 시비들과 걸음걸이가 재빠른 남종들이 저희들끼리 수군거렸다.

"대감마님의 말씀은 거역하여도 두꺼비 서방님 말씀이야 어찌 거역하겠는가!"

그러고는 천천히 길을 잡아 움직이며 월선이 탄 가마를 옹위하였다.

두꺼비가 월선의 뒤를 따라서 양척기 집으로 들어가니, 천지간에 이런 장관을 어찌 이루 다 말할 수 있으리오. 양생 부부가 신부를 맞아들여 보니 아리땁고 정숙한 태도가 이 세상 사람이 아닌 것 같았다. 신부가 시부모께 절을 올리니 양생 부부는 너무도 황공하여 어찌할 줄을 몰랐다. 그러니 이 광경을 구경하는 사람들 중에 누가 칭찬하지 않을 것인가. 이에 사람들은 “양척기 부부가 자식이 없다고 그토록 서러워하더니 말년에 영화가 지극하구나.”라고들 하였고, 또한 “저런 인물로 두꺼비의 아내가 되었구나.”라고 수군거리기도 하였다.

월선은 신행을 마치고 즉시 본가로 돌아왔으나 두꺼비는 함께 오지 않았다.

한편 월선의 본가에서는 백판서의 생신 잔치로 인해 멀고 가까운 친척이며 친구 벗님네들과 낙산 호걸들이 푸른 하늘에 구름 모이듯이 남녀노소 할 것 없이 잔뜩 모였다.

잔치의 차림새를 볼 것 같으면, 구름차일[38]을 높이 치고 다양한 그릇들을 진설하고 맛있는 음식을 모두 차렸다. 또 팔도 기생과 일등 기생이 다 모였으니 어찌 일등 고인(鼓人)[39]이 없으랴? 기생으로 말할 것 같으면, 춘강(春江)에 채련(采蓮)하러 내려온 선녀 같은 청천이, 봉래산(蓬萊山)[40]에 내려온 선녀처럼

---

38 구름차일: 아주 높이 친 차일(遮日).

39 고인(鼓人): 조선시대 악기를 연주하는 일을 맡아 하던 사람. 악생(樂生)과 악공(樂工)이 있었음.

40 봉래산(蓬萊山): 중국 전설에서 나타나는 가상적 영산(靈山)인 삼신산(三神山) 가운데 하나. 동쪽 바다의 가운데에 있으며, 신선이 살고 불로초와 불사약이 있다고 함.

춤을 잘 추는 무선이, 외모가 남들보다 빼어난 유진이, 기예가 뛰어난 명월이 등 일등 명기가 모두 모였다. 또한 천하 명창 권생원(權生員)[41], 태평소를 잘 부는 전욱, 천하 명창 송흥록(宋興祿)[42], 젓대를 잘 부는 홍주, 가사(歌詞)를 잘하는 장감, 장구를 잘 치고 거문고를 잘 연주하는 유진채 등이 모두 와 있었다. 이토록 다양한 풍류와 놀이가 마련된 잔치가 또 어디에 있겠는가.

이렇게 한바탕 노는 잔치에 갑자기 공중에서 청총마(靑驄馬)를 탄 행차가 나타나 신수(身手) 좋은 사환들이 좌우로 늘어서서 호령을 기다렸다. 이에 백판서가 물었다.

"댁들은 뉘십니까?"

선관이 대답하였다.

"나는 평안도 성천부(成川府)[43]에 사는 사람인데 대대로 내려오던 사환을 잃어버려 지금 찾고 있습니다. 떠도는 소문에

---

41 권생원(權生員): 조선 후기 판소리 명창 권삼득(權三得, 1771~1841). 양반 출신 명창으로 유명하며, <흥보가> 중 '제비 후리러 가는 대목'을 특히 잘 불렀다고 함.

42 송흥록(宋興祿): 조선 후기 판소리 명창. 장단의 변화, 조(調)의 변화를 자유자재로 구사하였으며 동편제 판소리를 확립한 동편제의 시조로 꼽힘.

43 성천부(成川府): 평안도 남부에 있는 고을.

듣자 하니 잃어버린 사환이 귀댁에 있다 하기에 왔습니다."

그러자 백판서가 놀라 말하였다.

"내 집에 있는 사환 중에 다른 사환은 없으니 여기 모인 사람들 중에 찾아보십시오."

선관이 말하였다.

"여기 모인 사람들 중에는 없고 이 댁 사랑에 있다고 합니다."

이때 두 사위는 사랑에서 사냥 가서 꾼 꿈을 생각하며 서로 이상하게 여기고 있었다.

백판서가 말하였다.

"내 집 사랑에는 다른 사람은 없으니 어디 한번 가 봅시다."

그러고는 선관을 데리고 가는데, 선관이

"저 두 사람이 바로 내 종입니다."라고 하였다.

백판서가 말하였다.

"그 어인 말씀입니까? 저 두 사람은 내 사위들입니다."

두 사위의 부친들도 이 말을 듣고 크게 놀라 말하였다.

"우리도 육조 판서를 다 지내고 벼슬에서 물러나 고향에 돌아와 살고 있거늘 그 무슨 이유로 이처럼 허망한 말을 하는 것입니까?"

선관이 말하였다.

"우리 선조께서 종을 부릴 때 등에 낙인을 찍어서 부렸으니 저 두 놈의 등에 낙인이 찍혀 있는가 보시오." 또 "어찌 발뺌하려 하십니까?"라고도 하였다.

백관서와 두 사돈이 이 말을 듣고 마음속으로 괴이하게 여겨,

'내 자식이거늘 어찌 등에 낙인을 맞았겠는가.'

하고는 두 사람의 옷을 벗기고 보라고 하였다. 친한 친구들과 남녀노소 할 것 없이 구경 삼아 보았더니 등에 낙인이 뚜렷이 찍혀 있었다.

이에 선관이 호령하여 말하였다.

"네 이놈들, 이래도 발뺌을 할 것이냐! 근본을 속이고 양반의 사위가 되었으니 죽일 놈들이로다."

선관은 또한 본래 상전처럼 섬돌에 어엿이 올라

"너희 같은 놈들은 강상죄(綱常罪)[44]로 다스리리라."

하니 그 호령이 추상같았다.

두 사돈은 그 표식을 보더니 유구무언(有口無言)이었다. 이에 다음과 같이 생각하였다.

'양척기가 자식이 없어 두꺼비를 수양아들로 삼은 것을 비웃었는데, 나는 있던 자식이 없어지니 이런 절통한 일이 어

44 **강상죄(綱常罪)**: 삼강(三綱)과 오상(五常)의 윤리를 범한 죄를 말함. 이 밖에도 국상(國喪) 때 기방(妓房)에 출입하거나 노비가 그 주인을 구타하거나 살해하는 경우 등이 포함됨.

디에 또 있으리오? 자식이라 하자니 남의 종이 될 것이고, 아니라 하자니 백판서에게 망신이라. 이러한 일을 어찌 대답하리오?'

백판서가 노하여 두 사돈에게 말하였다.

"두 눈으로 보고 두 귀로 듣건대 선관의 말이 터럭만큼도 그르지 않으니 이제는 내가 판단하겠습니다. 본래 두 재상은 아들을 얻어다 키우셨습니까? 아니면 양자를 들이셨습니까? 바른대로 말씀해야지 생사가 달린 일이니 아들들의 근본을 자세히 말씀하십시오."

홍판서가 정한림에게 말하였다.

"나는 내 아들을 정녕코 내 슬하에서 열 달을 채워 모월 모일에 순산하여 귀한 아들로 길러내었소이다. 여덟 살에 학문을 시작하여 안동(安東) 고을 김선생께 수학하고, 스물에 장가를 보내 이제 나이 서른에 이르렀으니 우리 부자는 의심할 점이 없습니다. 정한림은 어떠십니까?"

정한림은 더욱 기가 막혀 하며 말하였다.

"나는 혼인 후에 자식이 일찍이 없어 금강산(金剛山) 유점사(楡岾寺)[45]에 빌어서 낳은 것을 세상이 다 알뿐더러 더욱 분

---

45 유점사(楡岾寺): 강원도 고성군 금강산에 있는 절. 통일신라시대에 세

명한 것이 세 살 때 태독(胎毒)[46]으로 의원이 여러 달을 치료하여 간신히 길러내어 열여덟 살에 장가를 보냈거늘 어디에 내 자식의 상전이 있겠소이까?"

두 재상이 분을 이기지 못하자, 선관이 말하였다.

"두 재상이 아무리 발뺌하고자 한들 우리 선조가 남긴 표식이 분명하거늘 어찌 발뺌할 수 있겠소이까?"

이에 선관이 "바른대로 고하도록 그 지어미까지 잡아들이라."
라고 하였는데 그 소리가 추상같았다. 그러자 따라온 사환들이 채근하며

"어서 네 아내를 잡아들이라."
하니, 생신 잔치판이 잔치판이 아니라 난장판이 되었다. 사람들은 안팎으로 분주하여 혹 울기도 하고 혹 화를 내기도 하였으니 흡사 난장판 같았다.

백판서의 두 딸이 이 소식을 듣고 말하였다.

"동생은 짐승의 아내가 되었고 우리는 남의 종이 되었으니 어찌 세상에 용납될까?" 또 "나를 잡아오라 하니 내 어찌 많은

운 절이며, 금강산 4대 절 중의 하나임.

46 태독(胎毒): 젖먹이의 몸이나 얼굴에 진물이 나고 허는 병.

사람들 속에 가서 망신을 당하리오?" 하고 통곡하니 잔칫집이 변하여 초상난 집 같았다.

이때 첫째 사위인 홍판서 자제가 지감(知鑑)이 있었는데 문득 생각하고는 둘째 사위인 정한림 자제에게 말하였다.

"막내 동서는 두꺼비가 아니네. 이것은 우리가 분명 대인을 몰라본 죄로 이 지경에 이르게 된 것이네. 사냥 갔을 때에도 우리는 사냥을 못하고 두꺼비는 사냥을 많이 하였으니, 이 일로 보아도 조금이라도 소견이 있으면 의혹을 풀고 빌었어야 하거늘, 오히려 사냥한 것을 빼앗아 우리가 생색을 내었으니 다 우리 잘못일세. 그러니 이제 우리 두 사람이 지극히 빌어 죄를 면하는 것이 좋겠네."

이에 두 동서가 의관을 벗고 뜰에 꿇어앉아 말하였다.

"우리가 눈이 있어도 없는 것만 못하고 알지 못하는 것이 많은 인생들이니 부디 불쌍히 여기시어 죄를 용서하십시오."

그러고는 무수히 비니, 보는 사람들은 그 사정을 모른 채 서로 말하였다.

"저 두 사위는 저 양반의 종이 확실한가 보다."

이에 서로 다투어 사위들이 하는 변명에 선관이 뭐라고 말하는지를 들으려고 서로 귀를 기울였다.

선관은 두 사람이 지성으로 비는 것을 보고 웃으며 말하였다.

“너희들의 죄를 용서하니 다음부터는 당돌한 마음을 먹지 말라.”

그러고는 다시 일어나 백판서에게 엎드려 절을 하니, 백판서가 말하였다.

“뉘신데 초면에 이토록 정성스럽게 대하십니까?”

그러자 소년이 말하였다.

“저는 이 집안의 막내 사위입니다.”

이에 자리를 가득 채운 사람들과 구경 온 사람들은 크게 놀라 다투어 구경하려고 서로 밀치고 당길 뿐 두꺼비 사위의 본래 모습은 헤아리지 못하였다.

하인 둘이 말하였다.

“우리는 일찌감치 막내 사위가 대인인 줄을 우리 대감마님보다 더 먼저 알았는데, 두 서방님은 두꺼비 속에 감춰진 모습을 몰라보고 무수히 비웃다가 이 같은 잔칫날에 망신을 당하였구나. 우리 막내 새 서방님의 신기한 묘술은 옛날 제갈량(諸葛亮)[47]을 보지는 못하였지만 제갈량이라도 당해낼 수 있

[47] **제갈량(諸葛亮)**: 중국 삼국 시대 촉한의 정치가. 자(字)는 공명(孔明). 뛰어난 군사 전략가로, 유비를 도와 오(吳)나라와 연합하여 조조(曹操)의 위(魏)나라 군사를 대파하고 파촉(巴蜀)을 얻어 촉한(蜀漢)을

겠는가."

또 "제까짓 것들이 서방님의 술수를 헤아리지는 못하였을 것이다."라고 하였다.

홍판서와 정한림이 양생의 손을 붙들고 크게 칭찬하여 말하였다.

"자네의 신기한 묘술은 고금에 듣지 못한 바네. 그런데 우리 아들 등에 낙인은 누가 찍었는가?"

두 사위들이 아뢰었다.

"장인의 잔치에 쓰려고 사냥 갔을 때에 사냥은 못하고 마음이 심란하여 경치 좋은 데가 있어 쉬고 있었는데, 비몽사몽간에 어떤 힘센 장사가 와서 우리를 잡아가기에 가 보니 궁궐이 있었습니다. 들어가 보니 한 선관이 우리들의 웃통을 벗겨 낙인을 찍고 내치며, '이후에 추노(推奴)하러 가서 볼 것이니 그때 어김이 없게 하라.'라고 하였습니다. 잠에서 깨어 보니 과연 낙인이 찍혀 있었습니다. 이를 허망한 일로 여기고 집으로 돌아오는데, 두꺼비가 사냥을 많이 해서 가지고 오기에 우리는 그런 짐작을 하지 못하고 도리어 두꺼비가 사냥한 것을 빼앗아 왔습니다. 잔치에 쓴 것은 모두 막내 동서가 잡아 온 것이지 우

세우는 데에 큰 공을 세움.

리는 아무것도 못 잡아 왔습니다. 장인, 장모와 집안의 하인들이 '제까짓 것이 어찌 사냥을 하리오?' 하고 입을 삐쭉삐쭉하며 비웃었을 때 우리 막내 동서가 오죽이나 분했겠습니까."

그러자 집안에 가득 모인 사람들이 그 이야기를 듣고 누가 칭찬을 하지 않겠는가. 사람을 사위로 삼은 것보다 두꺼비를 사위로 삼은 것이 더 광영이 있다고들 하였다.

이때 백판서는 양생을 데리고 집안으로 들어왔다. 부인은 두 사위의 상전이 잡으러 온 줄도 모르고 세 딸을 데리고 태연자약하게 담소를 나누고 있었다. 그러던 중에 백판서가 어떤 소년을 데리고 들어오니, 부인과 두 딸은 자리를 피하였으나 막내딸 월선은 중헌(中軒)에 가서 맞이하였다. 백판서는 짐작한 바가 있었으나 부인과 두 딸들은 월선이 어찌 저 소년을 맞이하는가 하며 사정을 몰라 분주하였다.

백판서가 부인을 청하여 말하였다.

"이 소년이 두꺼비 모습을 하고 있던 막내 사위이니 이제는 큰 사위, 작은 사위처럼 백년손님으로 잘 대해주시오."

그러자 부인이 크게 놀라고 크게 기뻐하여 염치 불고하고 달려들어 사위의 손을 부여잡고는,

"어찌 저런 인물로 나를 그토록 속였던가."

라고 하였다. 또 월선을 마주 앉히고 말하였다.

"너조차 나를 그렇게 속였단 말이냐?"

그러고는 그 즐거움을 이루 다 헤아리지 못할 만큼 안팎으로 다시금 풍류 소리가 푸른 하늘에 들썩일 정도로 온종일 즐겼다. 구경 왔던 사람들은 각자 돌아가 두꺼비 사위 이야기하는 것을 일삼으며 세월을 보냈다.

이때 나라가 태평하고 백성이 편안하여 과거(科擧)를 시행하니 팔도의 선비들이 서울 도성으로 올라왔다. 양생도 과거 소식을 듣고는 길 떠날 채비를 하며 두 동서와 함께 길을 정하였다. 양생이 영리한 사환 둘을 데리고 출발할 때 백판서가 말하였다.

"노잣돈을 넉넉히 넣어 가게."

양생이 말하였다.

"노잣돈은 조금도 걱정하지 마십시오."

그러자 백판서가 미소를 지으며, "자네의 재주로 돈도 잘 만드는가."라고 하였다.

큰 사위 홍링이 양생에게 청하였다.

"나에게 서제(庶弟)가 하나 있는데 이름은 '탁'이라네. 기골이 장대하고 힘이 세니 과거장에 들어갈 때 미리 좋은 자리를 잡도록 데리고 가세."

양생이 이를 허락하고 홍탁과 동행하였다.

한편 홍탁은 양생이 노잣돈 없이 가는 것을 알고 처음부터 끝까지 주밀히 살펴보았다. 주막에 도착할 때마다 식사 값이 얼마가 되든지 비단 주머니 속에서 내어 주는데 부족함이 없었다. 여러 날이 지나도록 한결같이 비단 주머니에서 돈을 꺼내 쓰니 홍탁이 저 혼자 이런저런 생각을 하면서 갔다.

공주(公州) 금강(錦江)에 이르러 날이 저물자 양생 일행은 또한 주막을 찾아 들어갔다. 묵는 방이 넓어 양생 일행은 홍탁과 함께 잤는데, 윗목을 보니 어떤 안장이 놓여 있어 홍탁은 그 안장 옆에 앉았다. 홍탁이 생각해 보니 양생의 비단 주머니만 가지면 평생 풍족할 것 같아 마음속에 욕심이 생겼다. 이에 슬그머니 일어나 양생의 비단 주머니를 끌러 가지고 생각하였다.

'내 이제 종적이 탄로 날 것이니 종적을 모르게 하리라.'

그러고는 밤중에 담을 넘어 물가에 나와 배를 타고 제 팔을 들어 상앗대를 힘껏 저어 가다가 육지와 접한 곳이 있으면 내려서 밥을 먹고 값은 비단 주머니에서 내어 주니, 이런 보배가 어디 있으리오? 즐겁기 그지없어 바로 평양(平壤) 대동강(大同江)에 당도하여 대동루(大同樓)[48]에 올라 풍경을 구경하니 경치가 매우 찬란하였다. 이에 평양 읍내로 들어가서 인물을 구경

48 대동루(大同樓): 평양 내성의 동쪽 성문인 대동문(大同門)의 누대를 가리킴.

하였는데, 무슨 음식을 사 먹어도 부족함이 없었다.

홍탁은 '양생이 틀림없이 비단 주머니를 잃고 나를 찾으려고 할 터이니 더 멀리 피해야겠다.' 생각하고 곧바로 여러 날을 갔는데, 바람의 기세에 밀려 중국 남경(南京)까지 가게 되었다. 그곳에서 인물들을 구경하니 생김새며 의관이 조선과 다름이 없었다. 홍탁이 이곳저곳을 두루 다니다 한 곳에 이르렀는데 산어귀에서 더벅머리 아이 하나가 나귀를 몰고 나오며 말하였다.

"저기 가는 저 양반님네가 바로 홍탁이 아니십니까?"

그러자 홍탁이 크게 놀라 낯빛을 바꾸고 물었다.

"나는 조선 사람이거늘 너는 어떤 아이길래 나의 성명을 아느냐?"

아이가 대답하였다.

"저는 암악 선생을 모시며 따라다니는데, 선생께서 말씀하시기를 '천상 보배 진인(眞人) 홍탁이 올 것이니 나귀에 태워 데려오너라.' 하고 분부하시기에 여기에 와서 기다리려고 하였더니 마침 만나서 다행입니다."

이에 홍탁이 나귀를 타고 하루 종일 갔으나 선생이 있는 곳에는 당도하지 못하였다. 또 밤새도록 갔음에도 선생이 있는 곳에는 여전히 도착하지 못하였다. 그러던 중 날이 밝으며 마을의 개들이 짖어댔다. 아이가 나귀를 재촉할 즈음, 홍탁이 금강 주변 주막의 윗목 주렴 옆에 어떤 안장 위에 걸터앉아 목을 내두르니 양생, 홍생, 정생이 보고 말하였다.

"자네는 어찌하여 잠은 자지 않고 빈 안장 위에 앉아 있는가?"

홍탁이 어이없어 하며 말하였다.

"꿈에서 청룡이 안장 위에 서려 있기에 제가 날이 새기 전에 앉는다고 앉았으니, 우리 접(接)[49] 중에서 아무라도 과거에 급제하거든 내 덕분에 한 줄이나 아시오."

그러고는 마음속으로 지난 일을 생각해 보니 꿈도 아니요 생시도 아니요 귀신 들린 것도 아니었다. 도성으로 올라가는 길에 이따금 저 혼자 꿈 생각이 나면 저 혼자 계속 웃어대니 양생은 그 모습을 보고 이따금 미소를 지었다. 이같이 허망한 일을 양생과 홍탁 두 사람만 알 뿐 다른 사람들은 어찌 알겠는가.

서울 도성에 올라가 과거장에 들어가니 팔도의 선비들이 모두 모여 있었다. 양생이 일필휘지(一筆揮之)하여 가장 먼저 글을 바쳤더니, 임금이 그 글을 보고 양생을 칭찬하였다.

---

49 접(接): 글방 학생이나 과거에 응시하는 유생의 동아리.

"이 사람은 참으로 뛰어난 인재로다."

또 새로 과거에 합격한 사람들을 불러 보고

"어디에서 이런 인재를 볼 것인가?"

라고 하며 거듭 칭찬하였다. 그러고는 양생에게 한림학사(翰林學士)[50]를 제수하고 어주(御酒) 석 잔을 내리며 친히 불러 말하였다.

"경의 부모는 모두 살아 계시는가?"

그러자 양생이 땅에 엎드려 아뢰었다.

"전하께서 묻는 말씀에 어찌 거짓 답변으로 속일 수 있겠습니까? 신은 본래 천상에서 비를 맡은 선관이었는데, 인간 세상에 비를 그릇되이 내려준 잘못으로 상제께 죄를 지어 두꺼비 허물을 뒤집어쓰고 인간 세상에 내쳐졌습니다."

이에 영암 월출산 아래에 사는 양척기의 수양아들이 되어 전 승상인 백판서의 사위가 된 이야기를 낱낱이 아뢰니, 임금이 그 이야기를 듣고 크게 칭찬하여 말하였다.

"이는 만고에 없는 일이로다."

그러고는 그 부친을 추증(追贈)[51]하여 예조판서(禮曹判書)로

50 한림학사(翰林學士): 임금의 말과 명령을 글로 짓는 일을 맡아 하던 벼슬.

51 추증(追贈): 나라에 공로가 있는 벼슬아치가 죽은 뒤에 품계를 높여

삼고 모친을 숙렬부인(淑烈夫人)에 봉하였다. 또 사관(士官)을 내려보내 양생을 격려하며 말하였다.

"경은 천상에서는 상제를 모셨고 인간 세상에 내려와서는 짐을 돕고 있으니 이는 다른 신하들과는 다르다. 경은 충성을 다하여 짐을 도우라."

그러고는 어마(御馬), 한림학사에 제수하는 교지(敎旨), 청홍지(靑紅紙)[52]를 상으로 내려주었다. 이에 양생은 임금의 은혜에 감사하고 만수무강을 기원하며 밖으로 나왔다.

한편 두 동서는 구화문(九華門)[53] 밖에서 양생을 기다리고 있다가 양생을 보고는 매우 반가워하였다. 한림학사에 제수되어 올 때, 공문거족(公門巨族)에서 양생을 다투어 불러 가니 그 위의와 거동은 금세에 처음 보는 것이었다. 과거에 급제만 하여도 근본이 드러나는데 영화가 온 나라에 빛나니 사람들이 어찌 그 근본을 모르겠는가. 양생이 두꺼비가 되어 백판서의 사위가 된 이야기가 장안에 진동하니, 구경하는 사람들이 앞다

주던 일. 여기서는 벼슬을 높여준다는 뜻.

52 청홍지(靑紅紙): 조선시대 문과에 급제한 사람에게 주던 합격 증서인 홍패(紅牌)를 가리키는 것으로, 붉은색 종이에 성적, 등급, 성명을 먹으로 적었음.

53 구화문(九華門): 임금이 계신 구중궁궐(九重宮闕)의 성문이라는 뜻.

투어 몰려들어 양생이 두꺼비였나 【……생략된 내용이 있는 듯 함……】

한편 저 월선은 두꺼비를 도성으로 보내고 날마다 소식을 기다리다 문득 방목(榜目)[54]을 가진 관청의 방자(房子)[55]가 밤낮으로 내려와 "여쭈어라!" 하는 소리에 온 고을이 뒤흔들렸다. 백판서가 급히 돌아와 보니 막내 사위의 과거 급제가 분명하였다. 양척기가 뜰에 내려와 임금이 있는 북쪽을 향해 네 번 절하고 나서 백판서와 문서를 떼어 보니 바로 양척기를 예조판서(禮曹判書)로 삼는다는 유지(有旨)[56]와 그 부인의 숙렬부인(淑烈夫人) 직첩(職牒)이었다. 이에 양척기는 임금의 은혜에 손 모아 감사한 후, 홍판서와 정한림을 청하여 큰 잔치를 열고 사관(士官)을 극진히 대접하여 보냈다. 네 재상[57]이 서로 사례를 표하며 그 즐거움을 이루 다 헤아릴 수 없었다.

마침 서울에서 서찰이 와서 받아 보니 한 장은 월선에게 온 것이었다. 월선이 편지를 가지고 두 언니들과 떼어 보니 그 내

---

54 방목(榜目): 과거 합격자 명부.

55 방자(房子): 조선시대에 지방의 관아에서 심부름하던 남자 하인.

56 유지(有旨): 승정원의 담당 승지를 통하여 전달되는 왕명서(王命書).

57 네 재상: 백판서, 홍판서, 정한림, 양판서를 가리킴. 이들은 재상의 반열은 아니지만, 높은 신분임을 드러내기 위해 재상이라고 지칭하는 것으로 보임.

용은 다음과 같았다.

> 한림학사 겸 대광숭록대부(大匡崇祿大夫)[58] 양생이 일봉 서찰을 정렬부인(貞烈夫人)께 올립니다. 나의 비루함을 생각지 않고 천금 같은 마음을 허락하고, 부인의 덕으로 인해 천지가 무심하지 않아 내가 용문(龍門)에 올라[59] 벼슬이 정승 반열에 이르렀으니 이는 모두 부인의 덕입니다. 나는 이미 몸을 나라에 허락하였기에 석 달 말미를 얻어 도임(到任)하려고 하니 도임 절차는 부인이 맡아주오.

두 언니가 편지를 보고 놀라 말하였다.

"처음에는 네 신세가 참혹하다고 여겼는데, 이제는 영화롭고 존귀함이 천하에 동생 같은 사람이 없을 것이다. 우리들 팔자가 좋다고 하였는데 어찌 동생의 발톱에나 미치겠는가?"

---

58 대광숭록대부(大匡崇祿大夫): 대광숭록대부는 정1품에 해당하는 품계이고 한림학사는 정3품에 해당하는 품계이다. 관직과 품계가 서로 맞지 않지만, 양생이 높은 지위에 올랐음을 표현하는 것으로 보임.

59 용문(龍門)에 올라: 용문(龍門)은 황하(黃河)가 산간 지대에서 평야 지대로 나오는 곳인데, 수세가 매우 험난함. 잉어가 이 용문을 지나 올라가면 용이 된다고 함. 그래서 용이 되는 문이라 이름 지은 것임. 그러므로 사람이 과거에 합격한 것을 용문에 올랐다[登龍門]고 함.

그러고는 못내 부러워하였다.

한편 양생이 공문거족에 붙들려 있는 지 오래되자 두 동서는 먼저 집으로 내려왔다. 공주(公州)의 차령고개를 넘어오는데 어떤 사람이 범을 잡아 가지고 오니, 두 동서가 그 사람을 불러 물었다.

"그 범은 누가 잡았습니까?"

그 사람이 대답하였다.

"내가 잡았다오."

두 동서가 그 사람을 보니 기골이 장대하고 눈이 왕방울만 하였으며 위풍(威風)이 사람을 놀라게 할 만하였다. 두 동서가 그 역사(力士)에게 물었다.

"그대는 힘쓰는 것 말고 또 무슨 재주가 있습니까?"

역사가 대답하였다.

"나는 태어난 후로 두려운 것을 보지 못하였다오."

그러자 두 동서가 생각하였다.

'우리 세 동서가 함께 과기를 보러 갔다가 막내 동서는 급제하고 우리 두 사람은 낙방하여 돌아오니 그 심사를 어찌 다 헤아릴 수 있으리오. 집이라고 들어간들 장인, 장모와 아내를 어찌 대할까?'

이에 정생이 말하였다.

"저 사람이 무슨 재주가 있는 것 같으니 막내 동서를 죽이지는 말고 계교로 속여 우리의 분을 좀 푸는 것이 어떻겠습니까?"

홍생이 말하였다.

"자네는 이미 막내 동서의 신기한 묘술을 알면서 그런 말을 하는가?"

그러자 역사가 그 대화를 듣고 말하였다.

"무슨 분한 일을 당했기에 그토록 분노하는 거요?"

두 동서가 대답하였다.

"우리 세 동서가 함께 과거를 보러 가서 막내 동서만 급제하고 우리 두 사람은 낙방하고 돌아오니 어찌 분하지 않겠습니까?"

또 말하였다.

"사람을 어찌 죽이겠습니까마는 막내 동서가 아무 날 도임하러 집으로 내려올 것이니 끝내 도임하지 못하도록 붙들어서 깊은 산속으로 끌고 들어가 절간에나 보내면 이것으로나마 분이 좀 풀릴 듯합니다."

역사가 "그것은 어렵지 않은 일입죠."라고 하면서 도임 날짜를 물으니, 두 동서가 "3월 초파일입니다."라고 하였다.

역사가 말하였다.

"내가 두 분이 시키는 대로 할 것이니, 성공한다면 어떻게 할 것입니까?"

두 동서가 크게 기뻐하며 말하였다.

"그렇게만 된다면 영암 산동면(山東面) 쌍정자(雙亭子)[60] 나무 아래 수근(水根)[61] 좋은 논 열 마지기를 주겠소이다. 마음에 드십니까?"

역사가 말하였다.

"내가 범도 마음대로 잡는데 하물며 사람을 근심하겠습니까?"

그러고는 약속을 굳게 하였다. 두 동서는 근처에 숨어 구경하려고 하였다.

그런데 그날 밤 어떤 선관이 나졸들을 무수히 데리고 오더니 그 역사를 결박하여 끌고 갔다. 역사는 어찌할 방도가 없이 붙잡혀서 한 곳에 가니 어떤 정자 두 채가 서 있었다. 선관이 사람들을 호령하며 말하였다.

"저 놈을 당장 가죽 부대에 담아 정자에 매달아라!"

그러자 사환들이 일시에 달려들어 역사를 가죽 부대에 담아

---

60 산동면(山東面) 쌍정자(雙亭子): 현재 영암군 개신리에 쌍정마을이라는 지명이 남아 있음.

61 수근(水根): 논에 댈 물이 나오는 곳.

정자의 나무에 매달아 놓고 갔다.

두 동서는 그날 밤을 지내고 역사를 찾아갔는데 역사는 없었다. 아무리 찾아보아도 역사가 없어 자기 집으로 돌아가는데, 도중에 쌍정자를 지나게 되었다. 두 동서가 걸어가면서 멀리 돌아보니 정자 위에 무엇인가 달려 있었다. 이를 괴이하게 여겨 그 정자 밑에 앉아 말하였다.

"자그마치 저 논 수답(水畓)[62]이 열 마지기거늘. 역사가 우리들이 시키는 대로 하면 저 논을 주려고 하였더니 온다 간다 하는 말도 없이 가버리고 없으니 참으로 허망한 사람이로다."

바로 그 즈음에 역사가 가죽 부대 속에서 그 말을 듣고 크게 불러 말하였다.

"거기 있는 두 양반, 빨리 나를 좀 살려주십시오."

사람 소리가 나기에 두 동서가 놀라 가죽 부대를 끌러 놓고 보니 바로 그 역사였다. 역사가 한편으로는 소리를 지르고 한편으로는 기뻐하자 두 동서가 그 연유를 물었다.

"우리가 약속하던 날 밤에 어떤 선관이 사환들을 무수히 데리고 오더니, 나를 결박하여 몇 백 리를 갔는지 모르겠으나 여기에 매달아 놓고 갔으니 내 어찌 살기를 바랐겠습니까? 마침

62 수답(水畓): 바닥이 깊고 물길이 좋아 기름진 논.

그대들의 소리를 듣고 살길을 얻게 되었소이다."

홍생이 크게 놀라 말하였다.

"정생 자네 때문에 또 무슨 액운이 있을 것 같으니 이 일을 어찌하면 좋은가?"

정생이 말하였다.

"그게 무슨 말입니까?"

홍생이 말하였다.

"자네, 예전에 사냥 갔을 때의 일을 잊었나?"

한편 역사는 괴이한 소리를 지르며 급히 달아났는데, 바람만 불어도 선관이 자기를 점검하는 것인가 두려워하며 갔다. 이때 해남(海南) 수령이 본가에 갔다가 돌아오고 있었는데, 역사가 그 광경을 보고는 '진정 저 사람이 신은(新恩)[63] 양생이로구나.' 여기고 급히 언덕 위에 꿇어앉아 말하였다.

"쇤네가 이제는 범도 잡지 않고 제 집의 처자와 부모를 봉양하며 묵은 밭이나 파먹고 살 것이니, 은혜를 베풀어 살려주십시오."

그러고는 엎드려 빌었다.

해남 수령은 역사가 왜 이러는지 그 이유를 모르고 다만 '미

63 신은(新恩): 과거에 급제한 사람.

친놈인가 보다.' 하고 생각하였다.

한편 두 동서는 자신들이 벌인 일을 매우 후회하면서 말하였다.

"우리는 은밀히 말한 것인데 막내 동서의 신기한 묘술은 벌써 먼저 알아차리고 이같이 하였구나."

그러고는 후환을 염려하였다.

양생이 위의를 갖추어 집에 돌아오니 모든 사람들이 칭찬을 아끼지 않았다. 반면 두 사위들은 부끄러운 마음을 품고 돌아오니 각각 부인들이 또한 탄식하며 말하였다.

"세 동서가 함께 가더니 무슨 면목으로 그냥 들어오십니까?"

이에 더욱 겸연쩍고 부끄러웠다.

도임을 한 후 양가 부모들과 양생이 월선을 대하여 말하기를,

"내가 이리 귀하게 된 것은 부인의 덕이오."

하고는 금슬지락(琴瑟之樂)[64]이 비할 곳 없었다. 양척기는 여러 가지 일들이 모두 아름답게 이루어지자 즐거움을 이루 다 헤아릴 수 없었다.

세월이 지나 대감의 생일이 또 다가왔다. 양생이 말하였다.

---

64 금슬지락(琴瑟之樂): 거문고와 비파의 음률이 잘 어울린다는 뜻으로 부부간의 사랑을 나타낼 때 쓰는 말.

"지난번에는 형님 동서들이 짐승을 사냥해서 잔치에 썼으니 이번에는 제가 혼자 맡아 잔치를 열겠습니다."

그러고는 영암 수령에게 분부하기를,

"일등 명기(名妓)와 그릇과 도구 등을 예절에 맞게 다 갖추어 들이거라." 하고, 또 "만일 거역하면 처벌을 받을 것이니 조심하라."라고 하였다.

양생의 분부를 받아 원님의 명령이 떨어지니 사령들이 어련히 거행하리오?

먼저 구름차일을 가져다가 잣나무로 만든 말뚝 기둥을 무수히 쳐서 백판서 집안 사방 뜨락에 백차일(白遮日)[65]을 높게 쳤다. 그러고는 나주(羅州) 맹석(盲席)[66]을 세 칸 대청에 다복하게 깐 후에 네 재상이 앉을 좌석을 갖추어 두었으며 그 옆으로 세 동서의 보전(甫氈)[67]을 놓았다. 양한림의 보전을 볼 것 같으면 삼중석(三重席)[68]에 호피(虎皮)를 덮은 반상을 앞에 놓고, 병부(兵符) 교유서(敎諭書)[69]를 올려 두었으며 칠광판(漆光板)을

---

65 백차일(白遮日): 햇볕을 가리려고 치는 하얀 빛깔의 포장.

66 맹석(盲席): 아무 무늬도 놓지 않고 짠 돗자리.

67 보전(甫氈): 짐승의 털로 아무 무늬가 없이 두껍게 짠 피륙.

68 삼중석(三重席): 세 겹으로 겹쳐 깔아 놓은 좌석. 극진한 예(禮)로써 대접할 때 씀.

69 교유서(敎諭書): 교서(敎書)와 유서(諭書)로, 교서는 왕이 내리는 명령

좌우로 비껴 놓았다. 안석(案席)을 볼 것 같으면 중국 명나라풍의 작은 안석으로, 흰 수주(水紬)로 안감을 대고 일광단(日光緞)[70]으로 겉감을 대서 바람결에 어지러이 흩날리는 모습은 보는 사람들로 하여금 놀라게 할 만하였다. 기구가 이러한데 술과 음식이야 어찌 다 기록하리오. 백판서의 생신 잔치라 인근 고을 수령들이 다 모여들었다. 일등 기생과 악공들이 재주를 힘껏 펼치니 어찌 즐겁지 않겠는가.

네 재상이 앉아 있는 가운데 양한림의 위풍 보소. 인근 고을 수령들이 네 재상이 앉은 쪽으로는 어려워하는 기색이 없었으나 양한림의 말이 있으면 궁금해하여 무슨 말인지 좌불안석하고 감히 앞에 서지 못하였으니, 양한림의 거동도 위풍도 참으로 대단하였다.

이때 홍판서와 정한림이 보기에 세 동서가 모두 모여 있는데, 대감의 손윗사위들이 막내 동서 앞에서 좌불안석하는 듯하니 취중에 화가 나서 양척기를 향해 취담(醉談)을 하였다.

"사람의 일은 알 수가 없는 일입니다. 양 사장(査丈)은 자식을 낳지 못해 두꺼비를 얻어다가 자식 삼은 것도 남의 비웃음

서이고 유서는 관찰사·절도사·방어사 등이 부임할 때 임금이 내리는 명령서.

70 일광단(日光緞): 해나 햇빛 무늬를 놓은 비단.

을 살 일이거늘, 두꺼비가 사람 되어 이같이 영화롭고 존귀하게 될 줄 꿈에나 생각했겠습니까?"

이렇듯 조롱하였는데, 특히 홍판서가 더욱 심하였다.

이에 양척기가 말하였다.

"그런 말씀 아니 하셔도 제게 자식이 없어 오죽 서러웠겠습니까? 사람도 아니고 두꺼비를 자식으로 삼았으니 어찌 불쌍하지 않겠습니까? 천신이 도우시어 어변성룡(魚變成龍)[71]하여 두꺼비가 사람 되어 이같이 영화롭고 귀해진 것도 나의 팔자요, 자식 없는 것도 나의 팔자거늘 홍 사장은 어찌 잔치에 오셔서 그런 말씀을 하십니까?"

이럴 즈음에 양한림이 이 말을 듣고 일어나 홍판서 곁으로 오니, 세 재상과 인근 고을 수령들이 모두 자리에서 일어섰다. 양한림이 홍판서를 향해 말하였다.

"제가 두꺼비로 사람 된 것을 온 조선이 다 알거늘 어찌 제 부친을 대하여 조롱하십니까? 사람의 근본을 다 말한다면 누구도 온전한 사람으로 세상에 태어난 것이 아닙니다. 근본을 말씀하시니, 홍판서께서는 전생에 강원도 금강산 아래에 사는

71 어변성룡(魚變成龍): 물고기가 변하여서 용이 된다는 뜻으로, 아주 곤궁하던 사람이 부귀를 누리게 되거나 보잘것없던 사람이 큰 인물이 됨을 이르는 말.

두선생(杜先生)의 농우(農牛)로서 짐을 나르고 있었는데, 금강산 천등불사(千燈佛事)[72]를 지낼 때 약식(藥食)을 싣고 간 공로로 이생에서는 사람이 되어 판서의 지위에 있는 것입니다. 또 판서의 아드님은 전생에 호랑이 새끼로서 이생에서는 사람이 되었거늘 어찌 짐승을 비웃으며 사람을 조롱한단 말입니까? 이 집안에 모인 사람들을 다 의논하자면 누구도 온전한 사람이 없을 터이니, 한번 보십시오."

그러고는 무슨 주문 같은 것을 외우니, 문득 홍판서는 몸이 반 넘게 소가 되고 그 아들은 천 근 대호(大虎)가 되었다. 범이 소를 보고 장난하자 소는 범을 보고 뿔로 들이받으려 하였으니, 천지간에 이런 장관을 어찌 다 형언하리오. 이때 집안에 모인 사람들이 노루, 토끼, 사슴, 호랑이, 까투리, 장끼, 오리, 황새, 떼오리, 두루미가 되어 각기 저희들끼리 혹 장난하며 혹 다투며 하였으니, 이런 모습은 천지간에 처음 보는 것이었다.

한편 안뜰에서는 여러 부인들이 모여 잔치를 하며 즐기고 있었는데, 밖에서 사환이 급히 와서 아뢰었다.

"사랑에서는 여러 마님, 서방님네들이 온갖 짐승이 되고 우

72 천등불사(千燈佛事): 천 개의 등을 밝혀 부처님께 공양하는 것으로, 옛날 가섭존자(迦葉尊者)가 그의 어머니를 위해 크게 천등불사를 하였다고 함.

리 두 대감마님과 양한림 외에는 사람이 없습니다. 모두 들짐승이 되어 장난하는 모습은 무서워서 차마 못 보겠습니다.”

그러자 맏딸인 홍판서 며느리가 그 말을 듣고 놀라 구경하려고 급히 내달았는데, 저절로 풀쩍풀쩍 뛰어졌다. 자세히 보니 두꺼비가 되어 있었다. 또 여러 부인들은 온갖 새와 짐승이 되었으니, 낮에 우는 접동새며 밤에 우는 두견이며 옥수양 꾀꼬리며 참새며 비쭉새며 태백산 갈까마귀, 가을바람 부는 산천의 기러기, 봄 뜰의 종달새, 방정맞은 할미새며 저마다 제 성정대로 놀고 있으니 어찌 장관이 아니겠는가? 백판서의 두 딸은 여우가 되어 이리 풀쩍 저리 풀쩍 뛰는 모습이 두꺼비가 되어 뛰어다닐 때보다 더 보기 싫었다.

양한림이 처음부터 끝까지 다 본 후 무슨 진언을 외우자 집안에 가득한 날짐승, 길짐승들이 일시에 사람이 되니, 사람들이 그 후덕한 마음을 못내 칭찬하였다. 홍판서와 정한림이 양한림에게 사죄하며 말하였다.

“미련한 것이 사람인지라, 대인을 몰라본 죄를 일단 용서받기는 하였으나 제 사정을 생각하면 어찌 마음이 좋겠습니까? 사람마다 자식을 낳아 남의 자식과 함께 과거를 보러 가서 제 자식은 급제하지 못하고 남의 자식은 급제하여 한 좌석에 앉은 사람들이 감히 마음대로 앞에 다니지를 못하니 그 부모 된 마음에 어찌 좋겠습니까? 조금도 허물로 여기지 마시고 우리 자식들을 좋은 말로 가르쳐 양한림의 덕을 보게 해 주십시오."

이렇듯 무수히 사례하니 양한림이 미소 지으며 대답하였다.

"내 어찌 제 허물을 몰라보고 남의 말만 그르다 하겠습니까? 인정소재(人情所在)[73]로 그러할 만하니 너무 염려하지 마십시오."

홍판서, 정한림이 양척기에게 사례하며 말하였다.

"못 먹는 술잔이라도 한 잔 드십시오. 미련한 소견에 남의 자식은 급제하여 그 영화가 일국에 빛나고, 내 자식은 함께 과거를 보러 가서 급제도 못하고 한 사람의 사위로서 큰 동서가 막내 동서 앞에서 좌불안석(坐不安席)하는 것을 보니 그 아비 되는 사람의 마음이 어찌 온전했겠습니까? 제 허물은 조금도 생각하지 말아 주십시오."

양척기가 공손히 대답하였다.

"사람의 마음은 모두가 똑같습니다. 홍 사장, 정 사장 말씀이 당연하니 어찌 그 마음이 온전하겠습니까? 나는 조금도 마음에 두지 않았습니다."

---

73 인정소재(人情所在): 남의 어려운 사정을 보고 저도 모르게 마음이 움직이는 것.

그러고는 서로 위로하며 하루 종일 즐겼다.

양척기는 하는 말마다 순후하니, 구경하는 사람들이 서로 인심을 칭찬하며 말하였다.

"인심이 훌륭하고 마음이 올곧더니 자식이 없어도 그 마음 씀씀이 덕분에 수양아들을 얻어 부자간의 영화가 한이 없도다. 이로 보건대 마음을 잘 쓰면 자식이 없어도 영화가 생기는 법이다."

사람들은 잔치를 파하고 각자 돌아와 두꺼비 양생의 말을 조금도 비웃지 않았다.

석 달이 지나 양한림이 서울로 올라가서 임금에게 숙배(肅拜)하니 임금이 못내 반가워하였다. 이후 조선에는 아무 일이 없었으며 혹 무슨 어려운 일이 생기면 양한림이 처결하니, 산에는 도적이 없고 길에 떨어진 물건도 주워가지 않아[74] 천하가 태평하여 마음을 조금이라도 그르게 먹는 사람이 없었다.

한편 양한림은 아들 삼형제를 낳았으니 한 명 한 명이 모두 주옥(珠玉)같았으며, 젊은 나이에 과거 급제를 하니 그 명망(名望)이 온 나라에 진동하였다.

---

74 산에는…않아: "道不拾遺, 山無盜賊"에서 나온 말로, 나라가 잘 다스려지고 풍속이 아름다움을 의미함. 『사기(史記)』「상군열전(商君列傳)」 참조.

이로 보건대 세상 사람들 중 자식 없는 사람이 많지만, 다 자기가 잘못해서 자식이 없는 것이지 어찌 사람으로 태어나서 그 후사가 없겠는가? 양척기를 보건대 인심이 훌륭하고 마음이 올곧으니 천신과 후토(后土) 신명(神明)이 감동하여, 자식을 낳을 길은 없었음에도 옥황상제의 조화로 선관을 점지해 주어 세상 사람들이 보게 한 것이다. 누구라도 마음이 올곧고 인심이 훌륭하면 어찌 그런 사람에게 후사가 없게 하겠는가? 세상 사람들이여, 자식 없는 것을 원통하게 여기지 말고 마음만 올곧게 하고 인심만 잃지 마시오. 푸른 하늘은 세상 낮은 곳의 말까지 다 듣고 있으니[75] 어찌 천지가 무심하며 천신이 모르겠는가?

이 책의 주인은 임 소저입니다. 글씨는 비록 흉하고 엉망이지만 제가 이 책을 소중하게 여기는 것을 모두가 다 아실 것입니다.

[75] 푸른…있으니: 원문의 '청청청비(靑天聽卑)'는 푸른 하늘은 세상 낮은 곳의 말을 다 듣고 있다는 뜻임. 본래는 '천고청비(天高聽卑)'가 정확한 표현이며, 『사기』「송미자세가(宋微子世家)」에서 유래하였음.

둑겁전 권지일

영암(靈巖) 월출산하(月出山下)의 ᄉᆞ난 한 ᄉᆞ람이 잇시되 성(性)은 양(梁)이요 일음은 척긔라 양척긔 부부(夫婦) 농업(農業)을 힘서 가세(家勢)난 요부(饒富)ᄒᆞᄃᆡ 년광(年光)이 ᄉᆞ십(四十)이 넘다록 슬ᄒᆞ(膝下)의 일점(一點) 혀륙(血肉) 업ᄉᆞ니 양ᄉᆡᆼ(梁生) 부부 듀야(晝夜)의 ᄌᆞ식 업ᄉᆞ말 설워ᄒᆞ며 푸접 업서 항상 탄식(歎息)ᄒᆞ며 ᄒᆞ날을 울어어 축슈(祝手)ᄒᆞ더ᄅᆞ 일일(一日)은 ᄇᆡᄉᆞ못시ᄅᆞ ᄒᆞᄂᆞᆫ 못시 잇스되 양ᄉᆡᆼ이 낙ᄃᆡ을 미고 못가의 고기 ᄂᆞᆨ기을 일을 ᄉᆞᆷ어 시월(歲月)을 보ᄂᆡ며 혹 고기을 졉아 부부 설룸을 푸더니 할로난 못 가온ᄃᆡ 낙ᄃᆡ을 더지고 종일토록 고기난 보이지 안ᄒᆞ고 무슴 짐싱이 들어 요동(搖動)ᄒᆞ거날 동영(東嶺)의 달은 다라 집의 드러와 탄식 일{*알}(口) 고기로 부부 서룸을 푸더니

02

이ᄌᆡ난 그 못ᄉᆡ 고기 업ᄉᆞ니 무어스로 푸접홀고 오회(嗚呼)ᄅᆞ 명천(明天)이 감동(感動)ᄒᆞ야 나의 세세(細細) ᄉᆞ정(事情)을 살피시와 고기 잇ᄀᆡ ᄒᆞ소서 ᄒᆞ며 부부 츅천(祝天)ᄒᆞ더니 비몽간(非夢間)의 전일(前日) 항상 고기 낙던 못 기{*가}온ᄃᆡ 오ᄉᆡᆨ(五色) ᄎᆡ운(彩雲)이 영농(玲瓏)ᄒᆞ며 뇌성벙역(雷聲霹靂)이 천지(天地)의 진동(振動) 곳 놀ᄂᆡ여 급피 ᄂᆡ달나 낙ᄃᆡ을 드러미고 못가의 가니 용(龍)ᄋᆡ 얼골 갓탄 짐싱이 닙을 버리고 ᄂᆡ달나 ᄀᆡ운(氣運)을 통ᄒᆞ거날 경황(驚惶) 듕의 놀ᄂᆡ여 ᄭᆡ다ᄅᆞ니 ᄂᆞᆷ가일봉{*몽}(南柯一夢)이라 고히 넉여 즉시 양ᄉᆡᆼ이 그 처(妻)다러 말하되 우리 부처(夫妻) 오날은 가셔 물을 품고 고기 유무(有無)을 알더ᄅᆞ ᄒᆞ고 양ᄉᆡᆼ 붓처(夫妻) 진신갈역(盡心竭力)ᄒᆞ야 못슬 품고 본 즉 고기난 업고 못 가온ᄃᆡ 큰 둑겁비가 입을 버리고 잇거놀 양ᄉᆡᆼ 부처 ᄃᆡ경질ᄉᆡᆨ(大驚失色)ᄒᆞ야 ᄌᆞᄉᆞᆼ(仔詳)이 볼 ᄃᆞᆨ 듁겁비 것틔 석함(石函)이 잇거날 석

03

함을 가지고 두던{*둔덕} 우의 올나 안ᄌᆞ 열고 본 즉 다른 거ᄉᆞᆫ 업고 글을 ᄉᆡᆨ여 쓰되 그 글의 월{*왈} 척기 보라 전ᄉᆡᆼ(前生)의 죄(罪) 지듕(至重)하야 이ᄉᆡᆼ의 ᄌᆞ식 업긔 하렷드니 너의 붓처(夫妻) 마음이 고정(孤貞)ᄒᆞ고 인심(人心)이 거록ᄒᆞ기로 천신(天神)이 감동(感動)하ᄉᆞ 귀ᄌᆞ(貴子)을 점지하니 부ᄃᆡ 놀ᄂᆡ지 말고 이 둑겁비을 가저다가 네 집의 두면 불가(不過) 슈ᄉᆞᆨ(數朔)의 말{*발}(發)할 거시니 의심(疑心) 말고 다려가라 ᄒᆞ여거늘 양ᄉᆡᆼ 부처 서로 이논(議論) 월{*왈} 우리 무ᄌᆞ(無子)함을 ᄒᆞ늘과 옥황(玉皇)이 감동(感動)하시고 불ᄉᆞᆼ히 넉이ᄉᆞ 저 짐ᄉᆡᆼ을 점지ᄒᆡ신가 시부이 달여가ᄉᆞ이다 ᄒᆞ고 치마의 둑겁비을 치미의 ᄊᆞ 업고 집으로 도라와 방(房)의 논의 이 둑겁비 ᄉᆞ방(四方)으로 단이면서 파리만 ᄌᆞ바먹고 단이다가 ᄒᆞ로난 노옹(老翁)다려 월{*왈} 【……생략된 내용이 있는 듯함……】 일낙서산(日落西山)ᄒᆞ며 월출동

04

영(月出東嶺)ᄒᆞ야 야ᄉᆡᆨ(夜色)이 삼경(三更)이라 둑겁비가 마당으로 엉금엉금 단니면서 사방(四方)으로 긔운(氣運)을 통하니 서(西)으로 말 소릐 나면{+서} 요란(搖亂)하거ᄂᆞᆯ 노옹(老翁) 부처(夫妻) 나가 보니 ᄉᆞᆯ 바리며 은금(銀金) 스른 마리 드러오며 이 ᄃᆡᆨ(宅)의가 양척기 양ᄉᆡᆼ원(梁生員) ᄃᆡᆨ이요 ᄒᆞ고 오거ᄂᆞᆯ 양ᄉᆡᆼ 부부 황황(遑遑) 분쥬(奔走)ᄒᆞ야 아모란 줄 모라고 히히낙낙(喜喜樂樂)하야 일시(一時)의 ᄃᆡ부(大富) 되야더라 둑겁비가 슈ᄉᆞᆷᄉᆡᆨ(數三朔) 지ᄂᆡ 논응{*노옹} 양위(兩位) 전(前)의 청(請)하야 월{*왈} 늘근이가 ᄌᆞ식 업ᄉᆞ니 ᄂᆡ 비록 둑거비나 근본(根本)은 ᄉᆞ람이라 금일(今日) 부처(夫妻) 슉양ᄌᆞ(收養子)을 정하야 부ᄌᆞ지의(父子之義)을 정ᄆᆡᄌᆞ미 엇더하시잇가 노옹 월{*왈} 우리 부처 일ᄉᆡᆼ(一生) ᄌᆞ식이 업ᄉᆞ말 설월워하더니 하ᄂᆞᆯ이 너을 지시ᄒᆞ미ᄅᆞ 깃부지 안이ᄒᆞ리 이ᄂᆞᆯ보틈 부ᄌᆞ지의(父子之義)을 정하야 서로 즐기드니 제 몸이 점점 ᄌᆞ라 한 간 방(房)의

05

가득한지라 각설(却說)이라 잇ᄯᆡ 하로난 둑겁비가 부친(父親)ᄭᆡ 고(告)하야 왈 세상(世上) 만물(萬物)리 다다 각각 ᄶᆞᆨ이 잇시되 ᄂᆡ ᄯᅩᄒᆞᆫ 홀노 잇씨니 엇지 안이 절통(切痛) 안이하리요 청혼(請婚)화와 부모 양전(兩前)의 녕화(榮華)을 뫼서 하소서 부부 ᄃᆡ소(大笑) 왈 네 말이 기특(奇特)하나 네 형용(形容)을 노 어ᄃᆡ 가 구혼(求婚)ᄒᆞ리요 ᄒᆞᆫᄃᆡ 둑겁비 월{*왈} 소ᄌᆞ(小子) 가라친 ᄃᆡ로 가시와 청혼하면 될 거시니 명일(明日){-일}의 못친(母親)이 저 순을 너머가면 큰 마을이 잇쓸 거시니 그 츈즁(村中)의 가서 ᄇᆡᆨ판서(白判書)을 ᄎᆞ저 청혼ᄒᆞ소서 ᄒᆞ거날 양ᄉᆡᆼ 부부 ᄉᆡᆼ각하니 볼ᄂᆡ 그 ᄌᆡ상(宰相)이 아달은 업고 다만 ᄯᆞᆯ 삼형ᄌᆡ(三兄弟)을 두어쓰되 쟝ᄌᆞ(長子)난 일홈이 ᄎᆡ운(彩雲)이니 홍판서(洪判書)의 며나리 되고 ᄎᆞ여(次女)난 ᄆᆡ월(梅月)리니 정할님(-翰林)의 며나리 되고 말ᄌᆡᄯᆞᆯ 일홈온 월선(月仙)니니 십팔(十八)

06

화용월ᄐᆡ(花容月態)난 두 형의 ᄲᅡ여나고 효ᄒᆡᆼ(孝行)과 ᄌᆡ질(姿質)이 금세(今世)의 무쌍(無雙)이라 양ᄉᆡᆼ 부부 둑겁다려 일너 월{*왈} 네 엇지 그런 ᄃᆡ 혼인(婚姻) 말 하나요 네가 ᄉᆞ락{*람}이라도 오히려 그 ᄃᆡᆨ 종도 마다ᄒᆞᆯᄃᆡ 엇지 그런 말 ᄒᆞᄂᆞ냐 둑겁비 ᄃᆡ왈(對曰) ᄌᆞ친(慈親)은 염여(念慮) 말고 판서(判書)을 보고 ᄂᆡ 몸 형용(形容) 말ᄉᆞᆷᄒᆞ시면 응당 판서 ᄃᆡ로(大怒)하야 종을 불너 ᄂᆡᄶᅩᆺ치라 할 거시니 모친(母親)은 불문데답(不問對答)하고 ᄂᆡ의 ᄌᆞ초시{*지}종(自初至終)을 말삼하오면 세악으로 소ᄅᆡ을 질너 왈 ᄃᆡᆨ 집의 일조(一朝)의 망(亡)할 거시니 어서 우리 둑겁비 아달 ᄉᆞ회 ᄉᆞᆷ으소서 하면 판서 더옥 못친(母親)을 죽일나 할 거시오니 우리 둑겁비 아달 ᄉᆞ회 ᄉᆞᆷ기가 그ᄃᆡ지 딜노(叱怒)ᄒᆞ시난잇가 ᄒᆞ면 더옥 모친을

07

죽일나 할 거시니 그난 ᄂᆡ 여서 방비(防備)ᄒᆞᆯ 거시니 조곰도 염여(念慮)치 말으시고 혼인(婚姻) 허락(許諾)만 바다 오소서 ᄒᆞ거날 마지못하야 판서 ᄃᆡᆨ 사랑(舍廊)의 올나가 둑거비 하든 ᄃᆡ로 ᄌᆞ초시{*지}종(自初至終)을 다한 즉 ᄇᆡᆨ판서 ᄃᆡ로(大怒)ᄒᆞ야 서안(書案)을 처 왈(曰) 저 할미을 ᄂᆡ쫏치라 하거날 하인(下人)니 감히 ᄂᆡ치지 못하더라 할미 더옥 소ᄅᆡ랄 질너 왈 만일 우리 둑거비 아달 ᄉᆞ회 안니 삼어서난 ᄃᆡᆨ 집비 일조(一朝)의 망할 거시니 밧비 우리 둑거비 아달 ᄉᆞ회 숨으소서 그ᄃᆡ지 질노(叱怒)ᄒᆞ신난잇가 판서 더옥 ᄃᆡ로(大怒)하야 보검(寶劍)을 쎄여 할미 목을 치니 검광(劍光)이 빗나며 목이 ᄃᆡ글ᄃᆡ글 궁글다가 도로 붓치며 디옥 소ᄅᆡ릴 크게 질으거날 잇ᄃᆡ 월선(月仙) 소저(小姐) 침선(針線)을 하다가 좀간 조으더니 비몽

08

ᄀᆞᆫ(非夢間)ᄋᆡ 천ᄉᆞᆼ(天上)의서 한 선여(仙女) ᄂᆡ려와 소저의 손을 ᄌᆞᆸ고 ᄃᆡ왈(對曰) 옥정(玉庭) 선관(仙官)이 소저와 천정연분(天定緣分)이 듕(重)하압드니 소저난 몬저 인간(人間)ᄋᆡ 나오시고 선관은 그저 ᄀᆡ시다가 인간의 ᄂᆡ치실 ᄌᆡ 비 그렷 쥰다하야 상ᄌᆡ(上帝)긔 득죄(得罪)ᄒᆞ고 거월(去月)의 인간의 ᄂᆡ치실 ᄌᆡ 둑거비 허물을 쓰여 녕암(靈巖) 월출ᄉᆞᆫᄒᆞ(月出山下)의 ᄇᆡᄉᆞ못ᄉᆡ 너여 양척긔 집으로 인연(因緣)을 저바리지 마르소서 할 지음의 할미 소ᄅᆡ의 놀ᄂᆡ ᄊᆡ다르니 년{*션}예(仙女)의 말리 귀의 징징(錚錚)ᄒᆞ고 밧ᄀᆡ서난 판서 ᄃᆡ로(大怒)ᄒᆞ야 갈로ᄃᆡ 세상의 이러한 일은 처음 보리로ᄃᆞ ᄒᆞ고 종을 불너 져 할미을 밧비 ᄂᆡ치ᄅᆞ ᄒᆞ고 바로 안으로 드르가 부인(夫人)다려 왈 우리 집 운슈(運數) 진(盡)하연난지 쳔만외{*의}외(千萬意外)예 녕암 월출ᄉᆞᆫ하의

09

손다 하난 할미가 와서 청혼(請婚)ᄒᆞ기로 분로(忿怒)의 칼을 쎄여 할미 목을 치니 목이 ᄃᆡ글ᄃᆡ글 궁글다가 도로 붓치여 말하니 천지간(天地間)의 일언 일은 처음 보아스니 엇지하여 조흘고 ᄒᆞ니 부인왈 이난 반다시 괴변(怪變)이니 가부(可否)은 고ᄉᆞ(姑捨)ᄒᆞ고 신낭(新郞)니나 얌전하거든 혼ᄉᆞ(婚事)하사이다 한ᄃᆡ ᄃᆡ감(大監)왈 ᄉᆞ롬도 안니요 둑거비 아달을 두어다고 청혼하이 이 일을 엇지하야 조흘고 할 지 소제(小姐) 겻ᄐᆡ 안ᄌᆞ다가 념용(斂容) ᄃᆡ왈(對曰) 붓친(父親)은 너모 근염(勤念) 마라이다 집안 운슈(運數)오니 너모 용여(用慮) 마라쇼셔 ᄃᆡ감의 말삼 듯ᄉᆞ오니 그저 마든 못할 듯ᄒᆞ오니 할미을 불너 보ᄉᆞ이 ᄃᆞ 하거날 불너 본 즉 과연(果然) 목의 피 한 점이 업고 갈 흔적이 업거날 ᄃᆡ감 부처(夫妻) 괴변인 쥴 알고 엇지할 길 업서 할미

10

을 달니여 왈 혼인(婚姻)은 ᄒᆞᄌᆞ ᄒᆞ는 ᄃᆡ로 ᄒᆞ고 턱일(擇日)ᄒᆞ여 쥰ᄃᆡ 바다 가지고 도라오니 양싱과 둑겁이 턱일지(擇日紙)을 보니 정월(正月) 십오일(十五日)이라 하여거날 일번{변}(一邊) 치힝(醮行)을 ᄎᆞ리더라 이ᄯᆡ의 판서(判書)의 두재 ᄯᆞᆯ리 소저(小姐)을 붓들고 통곡(慟哭)ᄒᆞ여 왈 월선(月仙)의 팔ᄌᆞ(八字) 엇지 이ᄃᆡ지 ᄎᆞᆷ혹(慘酷)하이 통곡ᄒᆞ니 소저 ᄃᆡ람(知鑑)이 인는 지ᄅᆞ 데가 짐싱인ᄃᆡ 귀인(貴人)의 ᄃᆡᆨ(宅)의 구혼(求婚)하리요 ᄒᆞ고 ᄭᅮᆷ을 싱각ᄒᆞ야 두 형을 ᄃᆡ왈(對曰) ᄎᆞ역(此亦)의 팔ᄌᆞ(八字)요 집안 신슈ᄅᆞ ᄒᆞ며 언ᄉᆞ(言辭) ᄌᆞ약(自若)홀ᄎᆞ 납치(納采)을 가저왓거날 각ᄉᆡᆨ(各色) 비단이며 금봉치(金鳳釵) 등물(等物)이며 옥지한(玉指環) 은지환(銀指環) 무슈(無數)히 가저왓더라 정일(定日)이 쉬워 혼일(婚日)이 당(當)하야 신낭(新郎)이 온다 하니 상하(上下) 노복(奴僕)이며 남

11

녀노소(男女老少) 업시 굿 보러 구름 모이듯 하더라 신낭(新郎)의 치ᄅᆡ 볼작시면 빗 조흔 츌하단(秋羅緞) 저구리ᄋᆡ ᄇᆡᆨ슈쥬(白水紬) 바지의 통ᄃᆡᄌᆞ(通帶子) 허리ᄯᅱ일 흉금(胸襟)통을 눌너ᄯᅮ고 남슈쥬(藍水紬) 듕치막의 한ᄉᆞᆫ(韓山) 모슈 청도포(青道袍)을 ᄆᆡᆸ시지ᄀᆡ ᄯᅥᆯ처입고 ᄉᆞ모(紗帽)을 갓ᄀᆡ ᄡᅳ고 금안ᄌᆞᆼ(金鞍裝) 쥰마(駿馬)의 엉금섬적 올나 안ᄌᆞ 안ᄌᆞᆼ(鞍裝)의 ᄐᆡᆨ을 걸고 입을 넙쥭넙쥭ᄒᆞ며 오난 거동(擧動)이 오즉ᄒᆞ며 너분 닙을 넙쥭넙쥭ᄒᆞ며 ᄐᆡᆨ의서난 ᄲᅡᆯ닥ᄲᅡᆯ닥 눈을 금적금적ᄒᆞ며 드러오니 그 모양 그 ᄐᆡ도(態度)난 천지간(天地間)의 처음 볼ᄂᆡ라 신부집의 들어가서 ᄒᆞ마(下馬)하고 입을 넙쥭넙쥭 엉금엉금 거러 초ᄅᆡ칭(醮禮廳)의 올나가니 원근(遠近) 친척(親戚) 상이[*히](上下) 노복(奴僕)과 굿 보난 사람드리 ᄃᆡ경실ᄉᆡᆨ(大驚失色)ᄒᆞ야 업더지며 잣바

12

지며 하난 ᄉᆞ람이 부지기술(不知其數)ᄂᆡ라 장모(丈母)난 니불을 무릅쓰고 ᄃᆡ성통곡(大聲痛哭) 기절(氣絶)하여 아모란 쥴 모라드라 양 형(兩兄)은 동ᄉᆡᆼ의 신세랄 ᄉᆡᆼ각ᄒᆞ고 비회(悲懷)을 금(禁)치 못ᄒᆞ드ᄅᆞ ᄃᆡᄅᆡ(大禮)을 진ᄂᆡᆫ 후의 둑겁이 신부(新婦)방의 드러가서 ᄉᆞ방(四方)을 둘너보니 방안 치ᄅᆡ 찰난(燦爛)ᄒᆞᄃᆞ ᄇᆡᆨ능화(白菱花) 도벽(塗壁)의 청능화(青菱花) ᄉᆡᆨ을 ᄉᆡᆨ고 각ᄌᆞᆼᄌᆞᆼ판(角壯壯版)의 소ᄅᆡ(小欄)반ᄌᆞ의 경ᄃᆡ(鏡臺) 경감(鏡鑑)지술이 농{*용}ᄌᆞᆼ(龍欌) 봉ᄌᆞᆼ(鳳欌) 귀두지며 ᄌᆞ긔 함농(函籠) 반다지며 ᄉᆡᆨ별 갓튼 요강 ᄃᆡ화 발측반측 더저 놋코 초록 슈쥬(水紬) 뉘비이불 공단(貢緞) ᄃᆡ단(大緞) ᄌᆞ쥬(紫紬) 이불 외ᄌᆞᆼ의(夜長衣)보을 지어 넛지시 거러놋코 ᄎᆞᄃᆞᆷᄉᆞᆼ(茶啖床) 치ᄅᆡ 볼짝시면 옴방튼방 오ᄅᆡ탕의 쏙ᄊᆡ용 기탕(鷄湯)의 풀푸드ᄃᆡᆼ ᄉᆡᆼ치(生雉) 다리 곰

13

국 국ᄃᆡ 화적(火炙)의 허리늘 진슈(珍羞) 어적(魚炙)의 어ᄎᆞᆫ(魚饌) 육ᄎᆞᆫ(肉饌) 마이 마이 괴엿더라 조흔 음식 안니 먹고 넙을 넙죽넙죽 싹 버러 파리만 ᄌᆞ먹고 ᄒᆡ 지기만 기다리더라 문득 저역이 당하야 석반(夕飯)을 물니치고 촉불을 도도 키고 풍월(風月) 을푸더니 판서 부부 낭ᄌᆞ(娘子)을 간신이 달ᄂᆡ여 들어보ᄂᆡ니 둑겁비 거동(擧動) 보소 제 법으로 신부(新婦)을 인접(引接)ᄒᆞ여 안거날 신부 나ᄉᆞᆷ(羅衫)으로 나출 가리고 체읍(涕泣)한ᄃᆡ 둑겁비 ᄒᆞᄂᆞᆫ 마리 엇지 빙연(百年)손을 보{+고} 무슨 연고(緣故)로 우난고 ᄒᆞ거날 신부 둑겁비 말하물 신기(神奇) 녁여 ᄃᆡ답(對答)ᄒᆞ되 우리집이 세ᄃᆡ(世代)로 공후거족(公侯巨族)으로 나오다가 븟친이 ᄌᆞ손이 업서 설월ᄒᆞ시더니 우리 ᄉᆞᆷ형지(三兄弟)을 두시와 천금쥬옥(千金珠玉)갓치 길너 두 형은 공후(公侯)의 드

14

러가고 나도 부모 익휼(愛恤)ᄒᆞ시든 반분일호(半分一毫)나 갑고저 ᄒᆞ앗드니 전싱(前生)의 무슴 죄(罪)로 이 지경이 되여 그ᄃᆡ와 솜종지의(三從之義)을 싱각하니 엇지 안이 슬푸리요 둑겁이 이로ᄃᆡ ᄂᆡ 말을 드ᄅᆞ소서 다름이 안니라 나도 천승(天上)의서 비 맛든 용ᄌᆞ(龍子)옵드니 인간(人間)의 비 그릇 둔다 ᄒᆞ야 그 죄로 둑겁이 허물을 쓰여 ᄂᆡ치시니 ᄆᆞ춤 양척긔 슈양ᄌᆞ(收養子) 되여 그ᄃᆡ와 연분(緣分)을 믯긔ᄒᆞ미 손년(少年)들 엇지 둑거비 되기을 조하ᄒᆞ리요 그ᄃᆡ 가세을 가지고 나의 빈을 타라 하거늘 소제(小姐) 그제야 몽ᄉᆞ(夢事)와 갓도다 ᄒᆞ고 답왈(答曰) 세승(世上) 만물(萬物)리 빈을 타 엇지 술니요 의심(疑心)ᄒᆞ거날 두겁비 왈 빈을 갈나야 이 허물을 버슬 거시니 조곰도 이심(疑心)치 말고 ᄇᆡ을 가르라 한ᄃᆡ 신부(新婦) 가세을 가지고 ᄇᆡ을 갈으니 그 허물니 버서저 절노 둘둘 말여 운묵으로 가고 ᄂᆞᆫᄃᆡ엄ᄂᆞᆫ 옥골(玉骨) 선관(仙官)니 일어 안ᄌᆞ니 풍저(風采) 두목지(杜牧之)요 망월(望月)리 흑운(黑雲)을 히치난 닷 신부 그제야 몽ᄉᆞ(夢事)가 허ᄉᆞ(虛事) 아니라 ᄒᆞ고 흠모(欽慕)하더라 선관(仙官)이 ᄯᅩ한 눈을 드러 소져을 좀간 보니 정슉(貞淑)한 지덕(知德)이며 묘묘월ᄐᆡ(妙妙月態)난 심간(心肝)을 놀ᄂᆡ난지라 말을 나즉히 ᄒᆞ야 왈 그ᄃᆡ가 나을 보고 놀ᄂᆡᆯ 닷ᄒᆞ여 허물을 벗거니와 명일(明日)의 다시 쓰고 잇다가 ᄒᆞᆫ(限)이 ᄎᆞᆫ 후 버실 거시니 부인은 천기(天機)을 누설(漏泄) 말나 ᄒᆞ고 촉불을 믈이치고 원앙침금(鴛鴦枕衾)의 앙인(兩人)의 도도지낙(陶陶之樂)을 엇지 다 성헌(成言)ᄒᆞ리요 명초{*조}(明朝)의 신부 나와 ᄀᆡ식(氣色)이 천연(天然)ᄒᆞ고 오히려 조하ᄒᆞ난 비치 잇

16

거늘 부모(父母) 동싱 일가친척(一家親戚) 노복(奴僕)이 서로 눈을 쥬어 ᄒᆞᄂᆞᆫ 마리 데 팔ᄌᆞ(八字) 둑거비 만날 팔ᄌᆞ라 ᄒᆞ고 서로 입을 쎗죽쎗죽ᄒᆞ며 【……생략된 내용이 있는 듯함……】 엉금엉금 거러나와 장인(丈人)을 보고 왈 즁모(丈母)을 볼난ᄃᆞ ᄒᆞ거날 무서워 안이 볼난ᄃᆞ ᄒᆞ거날 둑거비 엉금 헐덕헐덕ᄒᆞ고 나오며 군말ᄒᆞ야 나오며 하난 말이 엇지 빙연(百年)손을 아이 볼난다고 ᄒᆞ난고 분(忿)을 이기지 못ᄒᆞ여 신방(新房)으로 건너갈 직 눈을 금적금적하며 츔을 쑬덕쑬덕 싱키며 네 발노 풀적풀적 쒸여가니 즁모 보고 혼비빅산(魂飛魄散)ᄒᆞ야 정신(情神)을 진정(鎭靜)치 못ᄒᆞ드ᄅᆞ 둑거비 ᄃᆡ감(大監)을 ᄃᆡ(對)ᄒᆞ야 가로ᄃᆡ ᄂᆡ {+비}록 짐싱이나 ᄉᆞ회난 일반(一般)이라 두 ᄉᆞ회난 저ᄃᆡ지 ᄉᆞ랑ᄒᆞ며 나는 업슉이 녁녀 ᄃᆡ접(待接)을 줄

17

못하니 그런 도리(道理) 업온이다 하거날 방듕(房中) ᄉᆞ람이며 두 ᄉᆞ회 박중ᄃᆡ소(拍掌大笑)ᄒᆞ더라 잇ᄯᅢ 판서(判書)의 ᄉᆡᆼ일(生日)이 당(當)하여 오거날 두 ᄉᆞ회 장인(丈人)긔 고왈(告曰) 순영{+이}나 하여다가 장인(丈人) ᄉᆡᆼ일 존치의 쓰게 하ᄌᆞ ᄒᆞ고 순영 갈 계교(計巧)을 ᄎᆞ일 적의 보리미을 밧고 니 줄 만난 순영기오 결시 조흔 ᄉᆞ환(使喚)들을 무슈(無數)히 다리고 걸넌던 쥰총마(駿驄馬)의 금안중(金鞍裝)을 지니라고 가거날 둑거비 겨티 안ᄌᆞ다가 장인긔 고왈(告曰) 동서(同壻)들은 ᄉᆞ{*순}영을 가며 나을 청(請)치 안니ᄒᆞ고 가오니 나도 순영을 가러 ᄒᆞ오니 노마(駑馬)을 듀시면 순영을 갈난다 하거날 ᄃᆡ소(大笑) 왈(曰) 네가 짐ᄉᆡᆼ이며 무ᄉᆞᆷ 순영ᄒᆞ리요 ᄒᆞ며 못 가게 ᄒᆞ기날 순영은 못할지라도 귀경이나 ᄒᆞ러 하오니 ᄒᆡᆼ중(行裝)이나 출여쥬실가 ᄒᆞ거날 ᄃᆡ감(大監)이 마지못ᄒᆞ야 노마(駑馬)을 ᄎᆞ러주거날 하인(下人)다러 왈 ᄯᅡ라가서 ᄒᆞ난 ᄃᆡ

18

로 보고 다리고 오라 ᄒᆞ거날 둑거비 하인다려 하난 마리 너ᄒᆡ 들은 ᄂᆡ 가라치난 ᄃᆡ로 하라 하니 ᄉᆞ환(使喚)들리 군말하여 왈 나종을 보ᄌᆞ ᄒᆞ고 가더니 층암절벽(層巖絶壁)은 반공(半空)의 소ᄉᆞ 의시(疑是) 은하(銀河)날 구천(九天)이 분명ᄒᆞ고 놉ᄀᆡ난 천만(千萬) ᄌᆞᆼ(丈)이나 ᄒᆞ고 폭포슈(瀑布水)난 창천(蒼天)의 걸잇고 비금주추{*수}(飛禽走獸)난 골골리 왕ᄂᆡ(往來)ᄒᆞ드라 둑거비 말ᄀᆡ 나러 금낭(錦囊)의서 필먹(筆墨)을 ᄂᆡ여 ᄇᆡᄌᆞ(牌子)을 써서 종을 주며 왈 저 손을 너머가면 송하(松下)의 즁이 잇실 거시니 그 즁을 쥬라 ᄒᆞ거날 하인들이 가솔(可笑)이 ᄂᆡ녀 시념적하야 바다 가지고 그 손을 너머가 보니 과연 ᄇᆡᆨ발(白髮) 노승(老僧)이 반송(盤松) 아ᄅᆡ 잇거날 ᄇᆡᄌᆞ(牌子)을 준ᄃᆡ 즁 바다 보고 문왈(問曰) 무어세 쓰실난고 ᄒᆞ더니 ᄉᆞ환(使喚)다려 ᄌᆞᆷ간

19

머무소서 하고 가더니 이윽하야 톡기 ᄉᆞ십 노ᄅᆡ 장기 가토리 등물(等物)을 무슈(無數)히 좁아가지고 오더니 ᄉᆞ환가{*과} 한 가지 둑거비 잇난 ᄃᆡ로 가ᄌᆞ ᄒᆞ거날 하인들이 마음의 놀ᄂᆡ여 서로 말하되 필경(畢竟) 무슴 일이 잇다 둑거비라 슈히 보다가난 ᄃᆡ환(大患)을 볼 거시니 우리 ᄃᆡ감(大監)보담 더 무섭다 ᄒᆞ더라 그 즁이 둑겁 서방님 전(前)의 문안(問安)한ᄃᆡ 둑거비 즁의긔 무슴 분부(分付)ᄒᆞ며 진언(眞言)을 친ᄃᆡ 솔리을 크게 질어코 쥭중(竹杖)을 더니고 장슴(長衫)을 벗고 진언을 외우니 뇌송{*성}병역(雷聲霹靂)이 천지(天地)의 진동(振動)하며 즁은 간ᄃᆡ업고 천 금{*근} 대호(大虎)가 입을 버리고 장난하거날 ᄉᆞ환 등이 ᄃᆡ경질식(大驚失色)하아 둑겁 서빙님을 불아며 ᄉᆞᆯ어 쥬압소서 무슈히 ᄋᆡ걸(哀乞)ᄒᆞᆫᄃᆡ 둑거비 무슴 진언

20

을 외오니 뇌성(雷聲)이 ᄭᅳᆫ치고 범은 간ᄃᆡ업고 즁이 쥭ᄌᆞᆼ(竹杖)을 집고 선난지라 둑거비 분부(分付)하ᄃᆡ 너외들리 집의 도라가서 누설(漏洩) 즉 ᄉᆞ죄(死罪)을 입으리라 분부ᄒᆞᆫᄃᆡ 종들이 궁국(鞠躬)ᄒᆞ야 분부ᄃᆡ로 거ᄒᆡᆼ(擧行)ᄒᆞ오리다 ᄒᆞ고 오더라 잇ᄃᆡ 두 동서(同壻)난 ᄉᆞᆫ영 은{*온} ᄉᆡᆨ이 눈먼 ᄉᆡᆨ도 못 ᄌᆞᆸ아난지라 심난(心亂)하야 정처(景致) 조흔 ᄃᆡ 쉬더니 호련(忽然) 비몽간(非夢間)의 엇더한 역ᄉᆞ(力士) 달여와 두 동서을 ᄌᆞᆸ아가지고 한 골노 들어가더니 ᄉᆞᆫᄉᆡ(山勢)난 엄슉(嚴肅)하고 슈목(樹木)온 ᄌᆞᆼ천(長天)한ᄃᆡ 한 궁궐(宮闕)리 잇시되 들어가보니 일위(一位) 선관(仙官)이 비{*ᄇᆡᆨ}우선(白羽扇)을 들고 갈오{-로}ᄃᆡ 너의가 ᄇᆡᆨ판서의 ᄉᆞ회들 아니야 ᄒᆞ거날 과연 기로소이다 한ᄃᆡ 선관왈 너의들이 ᄃᆡᆨ집시ᄃᆡ 종인 줄 아

21

는다 이후의 츄로(推奴) 갈 거시니 그ᄯᅢ의 어기옴미 업긔 하라 ᄒᆞ고 두 ᄉᆞ람을 울텅을 벗기고 등의 투서(套署)을 처여 치거날 ᄯᅴ다르니 남과{*가}일몽(南柯一夢)이라 두 ᄉᆞ람이 굼 말하고 서로 옷슬 벗고 보니 과연 투서가 마자거날 허망(虛妄)하여 손영도 못 ᄒᆞ고 오드니 둑거비 손영을 마이 ᄒᆞ여 가지오거날 두 동서 둑거비 두름으로 손영한 거술 아서 가지고 몬저 드러가며 이 말을 말나 ᄒᆞ고 들어가더라 둑거비 턱을 안ᄌᆞᆼ 걸고 눈을 금적금적하고 들어가니 빙부모(聘父母)와 노복(奴僕)들리 박ᄌᆞᆼ ᄃᆡ소(拍掌大笑)하며 제가 짐싱인ᄃᆡ 엇지 손영하리 ᄒᆞ며 닙을 빗쥭빗쥭ᄒᆞ며 ᄉᆞᆼ을 보거날 갓든 ᄉᆞ환드리 저의 반비(班輩)을 눈 주어 왈 우리 밀지 ᄉᆡ 시빙님이 둑거비가 아이라 필경(畢竟)을 보라 져의

22

가지 슈근슈근하더라 소저(小姐) 못친(母親)긔 고왈(告曰) 부친(父親)의 존치가 불원(不遠)ᄒᆞ오니 신힝(新行)을 하여 구고(舅姑) 양위(兩位)을 비압긔 ᄒᆞ옵소서 하거날 부인니 닉렴(內念)의 싱각ᄒᆞ되 무슨 정(情)이 잇서 시부모을 위로코저 하니 그 소견(所見)을 아지 못하야 침음(沈吟)ᄒᆞ드니 두 형이 가로ᄃᆡ 동싱은 엇지 그란 거슬 구고라 하난야 소제 념용(斂容) ᄃᆡ왈(對曰) 천지(天地)을 무릅쓰고 솜둉지녜(三從之禮)을 일워시니 엇지 구고 안이라 함은 금슈(禽獸)의 한{+가}지라 두 형이 동싱을 위로(慰勞)하러 ᄒᆞ다 도로혀 무류(無聊)하야 하더라 부인이 ᄃᆡ감(大監)을 청하야 소제 하던 말을 낫낫치 한ᄃᆡ 장하다 이 말리 닉일(來日) 후(後)의 조흔 일이 닉 집의 빗나리로다 하시고 즉시 신힝(新行)을 할식 그 위의(威儀) 출난(燦爛)하드ᄅᆞ 소제 신힝한

23

다 하니 비복(婢僕) 등이 서로 다토와 시ᄇᆡ(侍陪)할나 하드라 녹의홍상(綠衣紅裳)한 시비(侍婢)들과 걸시 조흔 남종들리 저의가지 슈근더리ᄂᆞᆫᄃᆡ ᄃᆡ감의 말숨은 거역(拒逆)하여도 둑겁 서방님 말삼이야 엇지 거역하리요 금즉이며 힝(行)하야 금등을 옹위(擁衛)하야 둑거비 후ᄇᆡ(後陪)하야 척긔 집비 드러가니 천지간(天地間)의 이런 증관(壯觀)을 엇지 다 성연(成言)ᄒᆞ리요 양싱 부처(夫妻) 신부을 마ᄌᆞ들너 본 즉 요요정정(夭夭貞靜)한 ᄐᆡ도(態度)난 세상 사람 안일ᄂᆡ라 신부 구고(舅姑)게 ᄇᆡᄅᆡ(拜禮)한니 노옹 부처 지극(至極) 황공(惶恐)하야 엇지할 줄을 모르더라 귀경하난 ᄉᆞ람드리 뉘 안이 층찬(稱讚)하며 척긔 부부 ᄌᆞ식 업다 설워히더니 말년(末年)의 영화(榮華) 극(極)히ᄃ 히고 쏘한 절언 인물(人物)노 둑거비 안ᄋᆡ ᄃᆡ얀고저 하야 즉시 본가(本家)의 왓시나 둑거비는 아이 왓드라 원근(遠近) 친척(親戚)이며 친구(親舊)

24

버님ᄂᆡ와 낙손 호걸(豪傑)들리 청천(青天)의 구람 못듯 남여노소(男女老少) 업시 존득 모연난ᄃᆡ 설솔(設率)을 볼족시면 구름ᄎᆡ일(遮日) 도도 치고 기명(器皿) 등물(等物)과 맛진 음식이며 팔도(八道) 기ᄉᆡᆼ(妓生)과 일등(一等) 기ᄉᆡᆼ과 다 모엿다 일등 고인(鼓人) 업실손가 기ᄉᆡᆼ을 논지(論之)하니 츈강(春江) ᄎᆡ련{*련}(采蓮) 강선(降仙)이며 청천이며 봉ᄂᆡ산(蓬萊山) 강선이며 츔 줄 츄난 무선이며 노록(露綠) 선ᄉᆡᆼ(先生) 유진이며 징기랍다 명월(明月)이며 일등 명기(名妓) 다 모앗다 천하(天下) 명증(名唱) 권ᄉᆡᆼ원(權生員)과 화{*호}적(胡笛) 잘 쓰난 전눅이며 천하 명충 송흥녹(宋興祿)이 절ᄃᆡ 줄 보난 흥쥬며 가ᄉᆞ(歌詞) 줄한난 장감이며 진나라 장구하며 쥼 줄 타난 유진ᄎᆡ며 허다(許多)한 노림 노리 이런 존치 어ᄃᆡ 쏘 잇실손가 이러ᄎᆞ로 놀니난 존치네 공듕(空中)의서

26

을 다하고 ᄐᆡᄉᆞ(退仕)하야 고향(故鄕)의 도라와 슬거날 그 엇더한 소연(所緣)이완ᄃᆡ 허무(虛無)한 말을 ᄒᆞ나요 선관 왈 우리 선조(先祖)외난 종을 부리ᄆᆡ 등의다 투서(套署)을 처 부리니 저 두 놈의 등의 투서가 마ᄌᆞ는가 보라 하며 엇지 발명(發明)하시낫잇가 ᄃᆡ감과 두 ᄉᆞ돈(查頓)이 듯고 ᄂᆡ렴(內念)의 고히하야 ᄂᆡ ᄌᆞ식(子息)이 여전 엇지 투서가 마ᄌᆞ스리요 하고 두 ᄉᆞ람을 오슬 벗기고 보라 한ᄃᆡ 좌우반당(左右伴黨) 남여노소(男女老少) 업시 굿 ᄉᆞᆷ아 본 즉 등의가 투서가 완연(宛然)이 치여난지라 선관이 호령(號令) 왈 저 놈 이제도 발명(發明)할가 ᄯᅩ한 근본(根本)을 속이고 양반(兩班)의 ᄉᆞ회 되기도 쥭일 놈이요 ᄯᅩ한 본 ᄉᆞᆼ전(上典)는지라 섬의 어연이 올나니 너 갓탄 놈은 강ᄉᆞᆫ{*ᄉᆞᆼ}(綱常)으로 다

ᄉᆞ일라 ᄒᆞ고 호령이 추손{*ᄉᆞᆼ}(秋霜)갓타니 두 ᄉᆞ돈(査頓)이 그 표(標)을 보니 유구무어{*언}(有口無言)이라 ᄉᆡᆼ각한 즉 양쳑긔난 ᄌᆞ식이 업서 둑거비 슈양ᄌᆞ(收養子) ᄒᆞ물 우서드니 나난 잇든 ᄌᆞ식이 업서지니 이런 절통(切痛)한 일니 어ᄃᆡ ᄯᅩ 잇쓰리요 ᄌᆞ식이라 ᄒᆞᄌᆞ ᄒᆞ니 남의 종이 될 거시니 아니타 하ᄌᆞ ᄒᆞᆫ 즉 ᄇᆡᆨ판서가 망신(亡身)이라 이러한 일을 엇지 ᄃᆡ답(對答)하리요 ᄇᆡᆨ판서가 두 ᄉᆞ돈을 ᄃᆡ하야 노왈(怒曰) 이목소조(耳目所照)로 보건ᄃᆡ 선관의 말리 일호(一毫)나 그라치 아니하오니 ᄂᆡ제난 오단(吾斷)할지라 근본(根本) 두 ᄌᆡᄉᆞᆼ(宰相)이 아들을 어더다 키우신잇가 양ᄌᆞ(養子)을 하여싯잇가 발은ᄃᆡ로 하여야 하직 ᄉᆡᆼᄉᆞ(生死)가 ᄃᆡᆫ두홀리라 근본을 자ᄉᆞᆼ(仔詳)이 말ᄉᆞᆷᄒᆞ소서 홍판서(洪判書) 정할님(鄭翰林)을 향(向)하야 갈로ᄃᆡ 나는 정

28

영(丁寧) ᄂᆡ 슬하(膝下)의 십ᄉᆞᆨ(十朔)을 ᄎᆡ와 모왈{*월}(某月) 모일(某日)의 슌ᄉᆞᆫ(順産) ᄉᆡᆼᄌᆞ(生子)ᄒᆞ야 귀ᄌᆞ(貴子)으로 길너 ᄂᆡ여 팔ᄉᆡ(八歲)의 닙학(入學)하여 안동(安東)골 김 선ᄉᆡᆼ(金先生) 전(前)의 슈학(受學)하야 이십(二十)의 닙ᄌᆞᆼ(入丈)시겨 이ᄌᆡ ᄉᆞᆷ십(三十)의 근(近)하되 부ᄌᆞ(父子) 각의ᄒᆞ미 업거니와 정할님은 엇지하신잇가 정할님은 더옥 기가 막혀 가로ᄃᆡ 나ᄂᆞᆫ 닙ᄌᆞᆼ 후(後)의 ᄌᆞ식이 일즉 업서 금광{*강}ᄉᆞᆫ(金剛山) 유전{*점}ᄉᆞ(楡岾寺)의 비러 나ᄒᆞᆫ 줄을 세ᄉᆞᆼ(世上)이 다 알 분더러 더옥 분명(分明)한 거시 세 ᄉᆞᆯ의 ᄐᆡ독(胎毒)으로 이원(醫員) 슈ᄉᆞᆨ(數朔)을 치료(治療)하야 간신(艱辛)이 길너ᄂᆡ녀 십팔 세(十八歲)의 닙ᄌᆞᆼ하여난 거ᄉᆞᆯ 어ᄃᆡ가 ᄂᆡ ᄌᆞ식의 상전(上典)이 잇쓰리요 분(忿)을 이기지 못하거날 선관 왈 ᄌᆡᄉᆞᆼ(宰相)이 아모리 발명(發明)하고ᄌᆞ ᄒᆞᆫ들 우리 선조(先祖)의 난 표가 분명하거날 엇지 발명ᄒᆞ리요 ᄒᆞ며 바른 ᄃᆡ로 지어미을 나입(拿入)하라 ᄒᆞᄂᆞᆫ 소ᄅᆡ 추ᄉᆞᆫ{*ᄉᆞᆼ}(秋霜)갓타니 다라온 ᄉᆞ환(使喚)들리 ᄎᆡ등을 날니며 어서 네 지집을 나입하라 ᄒᆞ거날 존ᄎᆡ가 존ᄎᆡ 안니라 난ᄎᆡ 되엿더라 ᄂᆡ외(內外)가 분쥬(奔走)하여 혹 울며 혹 회을 ᄂᆡ여 난ᄉᆡ 갓더라 ᄃᆡ감(大監) 두 쌀리 이 소식을 듯고 동ᄉᆡᆼ은 짐ᄉᆡᆼ의 안ᄒᆡ나 되엿거니와 우리난 남의 종 {+되}어쓰니 엇지 세상의 용납(容納)할고 하며 ᄯᅩ 나을 ᄌᆞᆸ아오라 하니 ᄂᆡ 엇지 도인(稠人) 듕(中)의 가 우세을 하리요 ᄒᆞ고 통곡(慟哭)하니 존ᄎᆡ가 변(變)하여 상ᄉᆞ(喪事)난 집 갓더라 잇ᄃᆡ 홍판서 ᄌᆞᄌᆡ(子弟) 속의 지감(知鑑)이 잇난지ᄅᆞ 문득 ᄉᆡᆼ가하고 정한님 ᄌᆞᄌᆡ다러 왈 말ᄌᆡ 동서(同壻)기 독기비 안이라 분명 ᄃᆡ인(大人)을 물

30

나본 죄(罪)로 이 지경이 되얏도다 산영 갓슬 ᄃᆡ로도 우리난 산영을 못 ᄒᆞ고 둑거비난 ᄉᆞᆫ영을 마이 하여시니 이 일노 보아도 저그나 소견(所見) 잇쓰면 ᄒᆞ혹(解惑)ᄒᆞ고 빌거ᄉᆞᆯ 오히러 ᄉᆞᆫ영한 거ᄉᆞᆯ 아서 우리 ᄉᆡᆼ광(生光) ᄂᆡ기로 다 죄라 이ᄌᆡ 우리 두리 지극(至極)이 비러 죄랄 면(免)함만 갓지 못ᄒᆞ다 ᄒᆞ고 두 동서 의관(衣冠)을 벗고 ᄯᅳᆯ의 ᄭᅮᆯ어 왈 우리가 눈이 잇서도 업ᄉᆞᆫ 건만 못ᄒᆞ고 아지 못ᄒᆞ온 인ᄉᆡᆼ(人生)오니 부ᄃᆡ 아흘ᄒᆞᄋᆞᆸ서 죄랄 용서(容恕)ᄒᆞ소서 무슈(無數)이 빌거날 보난 사람들이 그 위정(委情)을 모로고 서로 ᄒᆞ난 마리 저 두 소연{*년}(少年)니 저 양반(兩班)의 종이 적실(的實)ᄒᆞ도다 하며 서로 닷토와 누명ᄒᆞ오나 하면 선관의 말이 엇

31

지한물 드른나고 서로 귀을 기우러 보더니 선관 두 ᄉᆞ람이 지성(至誠)으로 빌멸 보고 우서 왈 너의 죄을 용서(容恕)ᄒᆞ나니 ᄎᆞ후(此後)난 당돌(唐突)한 마암을 두지 말나 ᄒᆞ고 다시 일어나 빅판서의긔 복비(伏拜)한디 디감 왈 뉘시관디 초면(初面)의 이디지 관디(寬待)하시난요 소년(少年) 왈 나는 딕집 말지ᄉᆞ회로소이다 만좌지인(滿座之人) 규경 왓던 사람드리 디경(大驚)ᄒᆞ야 타{*대}토와 구경ᄒᆞᆯ나고 셔로 닷치며 밀치며 그 본(本)구(求)ᄒᆞ말 츄양(測量)치 못ᄒᆞ고 아리 사환(使喚) 둘이 말ᄒᆞ여 왈 우리난 몬져 디인(大人)인 쥴 알고 우리 디감보단 더 아라더이 이 두 셔방님은 그 속판을 몰나보고 무슈이 비웃더니 이 갓탄 즌치날 직 우세을 당하니 우리 말ᄌᆡ 세{*새} 서방님 신기묘슐(神奇妙術)은 녯날 제갈양(諸葛亮)을 보든 못하여거니와 니제 당할손가 ᄒᆞ고 저의가지 수근수근 층양(測量) 못할네라 홍판서와 정할님이 양싱(梁生)의 손을 붓들고 ᄃᆡ춘(大讚) 왈 소년의 신긔묘슐은 고금(古今)의 듯지 못ᄒᆞ얏스나 우리 아달 등의 투서난 뉘가 천난고 ᄒᆞ신ᄃᆡ 두 ᄉᆞ회들이 엿ᄌᆞ오ᄃᆡ 중인 죤치의 쓸랴고 ᄉᆞᆫ영 갓 쓸 ᄃᆡ의 ᄉᆞᆫ영은 못하옵고 심난(心亂)하야 청처 조흔 ᄃᆡ 잇긔로 쉬압더니 비몽간(非夢間)의 엇더한 녁ᄉᆞ(力士) 다녀 왈 우리랄 좁아가기로 가본 즉 ᄒᆞᆫ 궁궐(宮闕)이 잇기로 드러가 본 즉 한 선관이 우리을 웃통을 벗기고 투서을 처 ᄂᆡ치며 이후 출{*추}노(推奴) 볼 거시

33

{-시}니 그ᄯᆡ의 어기미 업괴 하라 ᄒᆞ기로 ᄭᆡ다라 본 즉 투서가 마ᄌᆞ기로 허망(虛妄)한 일노 알고 도라올 제 둑거비가 순영을 마이 하여 가지고 오기로 우리난 그 짐작(斟酌)을 못 ᄒᆞ고 도로혀 순영한 거솔 아서다 존치네 쓴 거시 다 말ᄌᆡ 동서가 좁아온 거시제 우리난 아모 것도 못 좁아온난ᄃᆡ 빙부모(聘父母)와 ᄂᆡ성 ᄉᆞ환들리 데가 엇지 순영ᄒᆞ리요 ᄒᆞ고 닙을 쎗쥭쎗쥭하며 비우슬 제 우리 동서 오족 분하리요 ᄒᆞᆫᄃᆡ 반{*만}당(滿堂) 제인(諸人)니 그 이약을 듯고 뉘 안이 층촌(稱讚)ᄒᆞ며 근본(根本) ᄉᆞ람으로 ᄉᆞ회 숨은 것보단 더 싱광(生光) 잇다 ᄒᆞ더라 잇ᄯᆡ의 ᄃᆡ감이 양싱을 다리고 안으로 드러가시니 부인이 세 ᄯᆞᆯ을 다리고 두 ᄉᆞ회 상전 읫ᄊᆞ말 두시(頭緖)을 몰나 언ᄉᆞ(言辭) ᄌᆞ약(自若)ᄒᆞ든 ᄎᆞ(次) ᄃᆡ

34

감이 엇더한 소년을 다리고 드러오거놀 부인과 둣 ᄯᆞᆯ은 피석(避席)ᄒᆞ야 본 즉 소제(小姐)난 즁언{*헌}(中軒)의 가 연접(延接)ᄒᆞ거날 ᄃᆡ감은 짐족(斟酌)ᄒᆞ시나 부인과 소저난 동싱은 엇지 저 소년은 연접ᄒᆞ난고 하며 두세(頭緖)랄 몰나 분쥬(奔走)하더니 ᄃᆡ감이 부인을 청(請)하야 왈 말ᄌᆡ ᄉᆞ회 둑거비니 큰 ᄉᆞ회와 빈존(賓尊)ᄒᆞ여 보소서 하거날 부인니 ᄃᆡ경ᄃᆡ히(大驚大喜)하야 불고념치(不顧廉恥)하고 달녀들어 ᄉᆞ회의 손을 좁고 엇지 저런 인물(人物)노 나을 그ᄃᆡ지 속연든가 소제을 마조 안치고 너조ᄎᆞ 나을 그ᄃᆡ지 속녀나야 그 질거움을 층양(測量)치 못ᄒᆞ야 ᄂᆡ외(內外)기{*가} ᄉᆡ로이 풍유(風流) 소ᄅᆡ 벽공(碧空)의 놉피 ᄧᅥ서 종일(終日) 질기더니라 구경 왓든 ᄉᆞ람드리 각각(各各) 도라와 이 말

35

노 일을 숨아 세월(歲月)을 보닉더라 이쪄 국틱만{*민}안(國泰民安)하야 만과(萬科)을 뵈올 식 팔도(八道) 선비 경성(京城)으로 오라난지라 양싱이 과거(科擧) 기별(奇別)을 듯고 치힝(治行)을 추릴 식 두 동서와 한가지 작노(作路)한지라 영니(怜悧)한 수환 둘을 다리고 발힝(發行)할 식 딕감 왈 노즈(路資)을 넉넉히 너흐라 양싱왈 노즈는 조곰도 걱정치 마르소서 하거날 딕감의 미소(微笑) 왈 네 죄조로 돈도 줄 만드야 하시더라 홍낭(洪郎)이 양낭(梁郎)긔 청왈(請曰) 나의 서지(庶弟)가 잇시되 일홈은 탁이요 긔골(氣骨)이 중딕(壯大)ᄒ고 우력(優力)ᄒ니 님문시(入門時)의 선접(先接)ᄒ게 다리고 가ᄌ ᄒ거날 양싱이 허락(許諾)하아 동힝(同行)하니라 홍탁이가 양싱 노ᄌ 업시 가말 알고 그 시종(始終)을 술피더니 주막(酒幕)을 당ᄒ야 식ᄉ(食事) 갑이 얼마가 되든지 금낭(錦囊) 속의

36

서 닉여 쥰딕 부족(不足)되미 업거늘 여러 날이 가되 일양(一樣) 금낭의서 쓰거날 홍탁이 저 혼즈 짐족ᄒᆞ고 기{*가}더니 공쥬(公州) 금강(錦江)을 당(當)하야 일세(日勢)가 저물거날 쥬점(酒店)을 ᄎᆞᄌᆞ드니 사처 방(房)이 너루미 홍탁이와 다 한가지 ᄌᆞ거날 운묵을 보니 무슴 안죵(鞍裝)이 노엿거날 안죵 겻틱 안ᄌᆞ난지라 탁이가 싱각ᄒᆞ니 양싱의 금낭만 가저쓰면 평싱(平生)의 족(足)홀 듯ᄒᆞ거날 마음의 욕심(慾心) 나미 가마니 이러나 양싱의 금낭을 쓸너 가지고 싱각한 즉 닉 이제 나럼의 종적(蹤迹)이 설노(泄露)할 거시니 종적을 모르게 하리라 ᄒᆞ고 밤의 월쟝(越墻)ᄒᆞ야 물가의 나와 비{*빈}을 타고 제 필{*팔}을 드러 심딕로 저서 가

다가 년육(連陸)한 ᄃᆡ 잇시면 나러 밥 먹고 각슨 금낭외서 ᄂᆡ여 쥰ᄃᆡ 니런 보ᄇᆡ가 어ᄃᆡ 잇스리요 즐거움미 거지 업서 바로 평양(平壤) ᄃᆡ동강(大同江)의 당(當)하여 ᄃᆡ동누(大同樓)의 올나 풍성을 귀경하니 경ᄀᆡ(景槪)도 ᄎᆞᆯᄂᆞᆫ(燦爛)ᄒᆞ다 평양 읍ᄂᆡ(邑內) 드러가서 인물(人物) 귀경ᄒᆞ며 무숨 음식(飮食) 사 먹되 부족(不足)되미 업드라 양싱이 정영(丁寧) 금낭을 일코 나을 ᄎᆞ지랴 할 거시니 멀니 피(避)하리라 ᄒᆞ고 바로 여러 날 가니 풍세(風勢)의 밀니여 남경(南京)을 가니 인물을 귀경ᄒᆞᄆᆡ 인물괴{*과} 이{*의}관(衣冠)이 조선(朝鮮)과 다람 업드라 두루하야 한 고ᄃᆡ 당(當)ᄒᆞ니 손 어귀로 더벅머리 아히가 나귀을 몰고 나오며 한난 바리 저그 가난 저 양반(兩班)이 {+조선}국 홍탁이 안이싯잇가 하거날 ᄃᆡ경질

38

식(大驚失色)하야 물어 왈 ᄂᆞᄂᆞᆫ 조선 ᄉᆞ람이거니와 너난 엇더한 아희관ᄃᆡ 나의 성명(姓名)을 아난다 아희 ᄃᆡ왈(對曰) 나는 암악 선ᄉᆡᆼ(先生)을 다라단이압더니 선ᄉᆡᆼ이 ᄒᆞ시기을 천ᄉᆡᆼ(天上) 보비 진인(眞人) 홍탐{*탁}이가 올 거시니 퉈워 가지고 오라 하신ᄃᆡ 분부(分付) 게시기로 예 와 가라리고ᄌᆞ ᄒᆞ엿더니 마춤 만나오니 다ᄒᆡᆼ이로소이다 홍탁이 나귀을 ᄐᆞ고 죵일 가되 선ᄉᆡᆼ 인난 곳슬 못 당ᄒᆞ야 밤이 맛도록 가되 선ᄉᆡᆼ 잇난 고설 못 당연난지라 동방(東方)이 열이며 타촌(他村)의 ᄀᆡ 짓거날 ᄋᆞ희 나귀을 ᄌᆡ촉할 데 홍탁이가 금강(錦江) 운묵 쥬렴(珠簾) 념피 무슴 안ᄌᆞᆼ(鞍裝) 우의 걸러안ᄌᆞ 목을 두루거날 양ᄉᆡᆼ과 홍정ᄉᆡᆼ이 보

39

고 ᄒᆞᄂᆞᆫ 마리 ᄌᆞᄂᆡ 엇지 졈은 아이 ᄌᆞ고 빈 안장(鞍裝) 우의 안ᄌᆞ난가 하거날 홍탁이 어이업서 하난 마리 ᄭᅮᆷ의 청용(靑龍)니 안장의 셔러ᄀᆡ로 날 ᄉᆡ기 전의 안노라고 안저시나 우리 접(接) 듕의 아모라도 과거(科擧) 하거든 날노 ᄒᆞ여 한 쥴 알나 하고 마음의 지ᄂᆡᆫ 일을 ᄉᆡᆼ각ᄒᆞᄆᆡ ᄭᅮᆷ도 안이요 ᄉᆡᆼ시(生時)도 아니요 귀신(鬼神) 들ᄂᆡᆫ ᄉᆞ람도 아이라 올나가며 저 ᄒᆞᆫᄌᆞ ᄉᆡᆼ각이 종종 나면 저 ᄒᆞᆫᄌᆞ 우스ᄆᆡ 양ᄉᆡᆼ은 그 종적(蹤迹)을 보고 간간(間間) 미소(微笑)ᄒᆞ드라 이갓치 허망(虛妄)한 닐을 양ᄉᆡᆼ과 탁이 두 ᄉᆞ람이라 다론 ᄉᆞ람들은 엇지 알니요 경성(京城)의 올나가 당듕(場中)의 들어가니 팔도(八道) 선비 모돈 ᄇᆡ라 일필휘지(　筆揮之)히야 선ᄌᆞᆼ(先場)ᄒᆞ러 ᄃᆞ니 피히(陛下) 보시고 ᄎᆞᆼᄎᆞᆫ(稱讚)ᄒᆞ시되 이 진실(眞實)노 인ᄌᆡ(人才)

40

로다 ᄒᆞ시고 실ᄂᆡ(新來)을 불너 보시고 ᄃᆡ촌(大讚) 왈 엇지 이런 인ᄌᆡ을 보미거지요 하시고 할님학ᄉᆞ(翰林學士)을 데슈(除授)ᄒᆞ시고 어쥬(御酒) ᄉᆞᆷ비(三盃)의 친(親)히 불너 갈오ᄃᆡ 경(卿)의 부모(父母) 구존(俱存)ᄒᆞ야 ᄒᆞ시거날 복지쥬왈(伏地奏曰) 무라시는 말ᄉᆞᆷ을 엇지 기망(欺罔)하릿가 신(臣)은 근본(根本) 천ᄉᆞᆼ(天上)의서 비 맛든 선관(仙官)이압더리 인간의 비 그릇 쥰 죄로 상ᄌᆡ(上帝)긔 득죄(得罪)하압고 인간(人間)의 ᄂᆡ치실 ᄌᆡ 둑거비 허물을 쓰여 ᄂᆡ치ᄆᆡ 영암(靈巖) 월출ᄉᆞᆫ하(月出山下)의 ᄉᆞ난 양쳑긔 슈양ᄌᆞ(收養子) 되여 전(前) 승상(丞相) ᄇᆡᆨ판서(白判書) 사회 된 말을 낫낫치 듀달(奏達)ᄒᆞᆫᄃᆡ 전ᄒᆞ(殿下) 드르시고 ᄃᆡ촌(大讚) 왈(曰) 이난 만고(萬古)의 업ᄉᆞᆫ 일이나 ᄒᆞ시고 그 부친(父親)을 츄준(追贈)하야 녜조판서(禮曹判書) ᄒᆞ시고 그 못친(母親)을 숙열부인(淑烈夫人)을 봉(封)

41

하야 亽관(士官)을 하송(下送)ᄒᆞ시고 층촌(稱讚)ᄒᆞ시되 천상(天上)의서난 상졔(上帝)을 뵈시고 인간의 나러와 짐(朕)을 도으니 이난 다란 신(臣)과 다랄지라 경(卿)은 충성(忠誠)을 다하야 짐을 도으라 ᄒᆞ시고 어마(御馬)와 할님(翰林) 교지(敎旨)와 청홍지(靑紅紙)을 상亽(賞賜)하시니 할님이 亽은츅슈(謝恩祝壽)ᄒᆞ고 나오니 두 동서 구화문(九華門) 밧긔 딕후(待候)하엿드니 할님을 보고 반겨 쥬인(主人)으로 올식 공문거족(公門巨族)의서 실닉(新來)을 불너 가니 그 위의(威儀) 거동(擧動)이 금세(今世)의 처음 볼닉라 급제(及第)만 하여도 근본(根本)이 설노(泄露)할딕 영화(榮華) 일국(一國)의 빗나믹 근본을 엇지 모{+르}리요 둑거비 되야 빅핀서 亽회 되든 마리 쟝인(長安)의 진동(振動)ᄒᆞ믹 굿 보난 亽람들리 다토와 구경ᄒᆞ믹 저 신원(新恩)이 둑거비 【……생략된 내용이 있는 듯함……】

42

{+경}셩 보니고 날노 소식을 기다리더{+니} 문득 방목(榜目) 가진 정 방ᄌ(房子) 쥬야(晝夜)로 나러와 엿쥬라 ᄒ난 소릐 일촌(一村)이 뒤놉난지라 빅판서 급피 도라와 본 즉 말직 ᄉ회 과거(科擧) 하미 분명하거날 양싱이 뜰의 나러 북항{*향}ᄉ비(北向四拜)ᄒ고 빅판서와 쪄여본 즉 녜조판서(禮曹判書) 유지(有旨)와 슉녈부인(淑烈夫人) 즉{직}첩(職牒)이{-며}여날 국은(國恩)을 축슈ᄒ고 홍판서와 정할님을 청(請)하야 디련(大宴)을 비설(排設)ᄒ고 ᄉ관(士官)을 극진(極盡)이 디접(待接)ᄒ여 보니고 네 지송(宰相)이 서로 녜(禮)을 말ᄒ여 그 질거움을 층양(測量)치 못할니라 마춤 서울서 서간(書簡)이 왓거날 바다 보니 한 중은 소제(小姐)게 왓덧라 소제 편지(便紙)을 가지고 두 형과 쩌여 보니 그 서(書)의

43

하야스되 할님학ᄉᆞ(翰林學士) 겸(兼) 티{*대}광흥녹더부(大匡崇祿大夫)난 일봉(一封) 섯출(書札)을 정열부인(貞烈夫人)긔 올니니다 나의 측비(麤鄙)홈물 헤아리지 아이시고 천금(千金) 갓튼 마음을 허락ᄒᆞ시고 부인의 덕으로 천지(天地) 무심(無心)촌ᄒᆞ와 용문(龍門)의 올나 벼술이 정승(政丞)의 처(處)하얏스니 이난 다 부인의 덕이라 몸을 나라의 허신(許身)하야긔로 숨 숙 말무울 붓고 도님(到任)ᄒᆞ러 ᄒᆞ오니 도님 절ᄎᆞ(節次)난 부닌이 ᄌᆞ단(自斷)하여 ᄒᆞ소서 하엿거날 두 형이 편지(便紙)을 보고 놀니여 왈 처음 이 신세(身世) 춤흑(慘酷)ᄒᆞ다 ᄒᆞ엿드니 녕귀(榮貴)함미 천ᄒᆞ(天下)의 동싱 갓타 니 업술지라 우리 팔ᄌᆞ(八字) 존타 히{*하}엿드니 엇지 동싱의 발톱이나 당히리요 ᄒᆞ

44

고 몬ᄂᆡ 불워하더라 잇ᄯᅢ 공문거족(公門巨族)의 붓들여 지{+오}ᄅᆡ 되ᄆᆡ 두 동서 몬저 나려오난지라 공쥬(公州) 찰형(車嶺)제을 너머온난지라 엇더한 ᄉᆞ람이 범을 즙아가지고 오거날 두 동서ᄂᆞᆫ 그 ᄉᆞ람을 청ᄒᆞ야 무러 왈 그 범은 뉘가 즙아난잇가 ᄃᆡ왈(對曰) ᄂᆡ가 즙아난이ᄃᆞ ᄒᆞ거날 본 즉 기골(氣骨)리 중ᄃᆡ(壯大)ᄒᆞ고 눈이 왕방울 갓고 위풍(威風)이 ᄉᆞ람을 놀ᄂᆡ난지라 무러 왈 그ᄃᆡ 힘을 ᄉᆞᄒᆞ고 무ᄉᆞᆫ 죄조가 잇난잇가 ᄒᆞᆫᄃᆡ ᄃᆡ왈(對曰) 출ᄉᆡᆼ(出生) 이후로 두러운 거ᄉᆞᆯ 보들 못ᄒᆞ엿ᄂᆞᆫ이ᄃᆞ ᄒᆞ거날 두 동서 ᄉᆡᆼ각ᄒᆞ되 우리 ᄉᆞᆷ 동서 한가지로 과거(科擧)의 갓다가 말자 동셔난 과거 하고 우리 동셔

45

낙과(落科)하고 도라오이 그 심사(心思) 엇지 층양(測量)하리요 지비라 드러간들 쳐부모(妻父母)와 안히을 엇지 딗면(對面)할고 정싱왈 저 사람이 무산 지조가 잇난가 시부니 말즈 동서을 죽이든 말고 무슴 게교(計巧)로 속여 우리 분(憤)을 풀미 엇더하요 홍싱(洪生)왈 즈닉 임의 동서의 신기묘슐(神奇妙術)은 알며 그런 말 ᄒᆞ는가 할 제 그 ᄉᆞ람이 듯고 딗왈(對曰) 무슴 분함을 보아관딗 제딗지 분노(憤怒)하신잇가 ᄒᆞ거날 두 동서 딗왈 우리 솜 동서 한가지로 과거의 가서 말즈 동서난 과거 ᄒᆞ고 우리 동서난 낙과ᄒᆞ고 도라오니 엇지 아이 분하리요 딗왈

46

ᄉᆞ람을 엇지 쥭이리요마난 아무 날 도님(到任)하러 나러올 거시니 졸 도님 못ᄒᆞ게 붓들어 가지고 깁푼 ᄉᆞᆫ즁(山中)의 들어가 도님 못하게 ᄒᆞ고 ᄉᆞᆼ지저ᄂᆡ 보ᄂᆡ면 일노나 분을 풀 듯ᄒᆞ오이다 그도 비란지ᄉᆞ(非難之事)라 ᄒᆞ며 도님 날을 뭇거날 ᄉᆞᆷ월(三月) 초파일(初八日)노소이ᄃᆞ 녁ᄉᆞ(力士)왈 ᄂᆡ 두 손년(少年) 시기난 ᄃᆡ로 할 거시니 성ᄉᆞ(成事)ᄒᆞ면 엇지 하실난잇가 하거놀 두 소년 ᄃᆡ히(大喜)하야 그러하오면 영암(靈巖) ᄉᆞᆫ동면(山東面) 쌍정ᄌᆞ(雙亭子) 나무리 슈근(水根) 조흔 논 열 마지기을 쥴 거시니 마음의 엇더ᄒᆞ시잇가 녁ᄉᆞ왈 ᄂᆡ 범도 님의(任意)로 잡거든 ᄒᆞ물며 ᄉᆞ람을 근심ᄒᆞ리요 ᄒᆞ고 언약(言約)

47

을 굿게 ᄒᆞ고 두 동서난 그{*근}처(近處)의 숨어 구경코저 ᄒᆞ야더니 그날 밤의 엇더한 선관(仙官)이 ᄂᆞ졸(邏卒)을 무슈(無數)히 다리고 오더니 녁ᄉᆞ(力士)을 결박(結縛)ᄒᆞ여 가거날 녁ᄉᆞ할 길 업서 잡피여 한 고듸 가니 무슴 정ᄌᆞ(亭子) 둘이 섯거날 선관이 ᄉᆞ람을 호령(號令)ᄒᆞ야 저 놈을 가쥭 푸듸(負袋) 담아 정ᄌᆞ의 달나 하니 ᄉᆞ환(使喚)들리 일시의 달여들어 가쥭 푸듸너 정ᄌᆞ 나무의 달고 가더라 두 동서 그날 밤을 지닉여 녁ᄉᆞ을 ᄎᆞᄌᆞ가 보니 역ᄉᆞ 업거날 아무리 ᄎᆞᄌᆞ 보아도 녁ᄉᆞ 업거날 저의 집{-의}으로 가도 녕노(歷路)의 쌍정ᄌᆞ을 지닉난지라 두 동서 가며 멀니 도라보니 정ᄌᆞ 우의 무어시 달여거늘

48

고히하야 그 정ᄌ 밋틔 안ᄌ ᄒ난 마리 저 논 슈답(水畓) 녈마지기로다 녁ᄉ 우리 ᄒᄂ 듸로 ᄒ면 저 논을 줄나 ᄒ여드니 간다{-온} 온다 말도 업시 가고 업ᄉ니 허망(虛妄)ᄒᆫ ᄉ람이로다 ᄒ고 말할 제음 녁ᄉ 가둑 푸듸(負袋) 속의서 이 말을 듯고 크게 불너 왈 저 두 소년(少年)은 밧비 날을 술니소서 하난 소릐 나거날 놀닉여 푸듸을 쓸너 녹코 본 즉 그 녁ᄉ(力士)여날 일성일히(一聲一喜)하야 년고(緣故)을 무른듸 우리 약속(約束)하던 날 밤의 엇더한 선관(仙官)이 ᄉ환을 무수(無數) 다리고 오더니 절박(結縛)하여 가읍고 몟빅 일{*리}(里)을 가난지 예와 달고 가믹 엇지 술기을 바라리요 마츰 소년의 솔리을 듯

49

고 ᄉᆡᆼ도(生道)을 엇져ᄉᆞ오니다 홍ᄉᆡᆼ(洪生)이 ᄃᆡ경(大驚) 왈 정ᄉᆡᆼ ᄌᆞ예로 ᄒᆞ야곰 ᄯᅩ 무ᄉᆞᆷ ᄋᆡᆨ운(厄運) 이실 거시니 이 일을 엇지하리요 정ᄉᆡᆼ왈 그 무ᄉᆞᆷ 말고 ᄌᆞ예 ᄉᆞ령{*순영} 가실 제 일을 이저ᄂᆞᆫ ᄒᆞ더라 녁ᄉᆞ 고히한 암성(喊聲)을 지ᄂᆡ고 급피 다라나며 바람만 부러도 선관의 뎜금(點檢) 인가 두러하며 가더니 잇ᄃᆡ ᄒᆡ남(海南) 원(員)니 본적(本籍)의 가다가 오물 보고 진정(眞正) 저거시 양(梁) {-신}신원{*은}(新恩)이라 하야 급피 어덕 우의 ᄉᆞᆯ러 가로ᄃᆡ 소신(小人)이 이번은 범도 아이 줍고 제 집의 처ᄌᆞ(妻子) 부모(父母)을 봉향(奉養)ᄒᆞ며 무근 밧시나 파 먹고 ᄉᆞᆯ 거시니 덕ᄐᆡᆨ(德澤)으로 ᄉᆞᆯ녀 주ᄋᆞᆸ소서 하고 업더저 빌거날 ᄒᆡ님(海南)이 그 ᄉᆞ연고(所緣故)을

50

모라미 다만 밋친 놈이로다 ᄒᆞ더라 두 동서 후회막심(後悔莫甚)ᄒᆞ야 가로ᄃᆡ 우리난 은근(慇懃)이 말한 거시 동서의 신기묘슐(神奇妙術)은 발서 몬저 알고 이갓치 ᄒᆞ여쓰니 후환(後患)을 념녀(念慮)하더라 신원{*은}(新恩)이 위의(威儀)을 갓초와 집의 도라오니 만인(萬人)의 치하(致賀) 무석(無惜)일너ᄅᆞ 두 손년(少年)은 슈괴지심(羞愧之心)을 머금고 도라와 각각 부인이 또한 탄식(歎息)ᄒᆞ고 이로ᄃᆡ 숨 동서 가시더니 무손 면목(面目)으로 들어오신잇가 ᄒᆞ미 더옥 무식(無色)하야 ᄒᆞ더라 도님(到任)을 ᄒᆞ고 양가 정ᄉᆞ와 할님이 부인을 ᄃᆡᄒᆞ여 갈오ᄃᆡ ᄂᆡ리 귀히 되미 부인의 덕이라 ᄒᆞ고 금실지락(琴瑟之樂)이 비할 곳 업ᄉᆞ며 척긔

51

존목이 겸미(兼美)하ᄆᆡ 즐거운 말 층양(測量)치 못ᄒᆞ더라 이ᄯᆡ ᄃᆡ감(大監)의 ᄉᆡᆼ일(生日)이 당(當)ᄒᆞ얏ᄂᆞᆫ지라 할님(翰林)이 몬저ᄂᆞᆫ 동서 둘이 ᄉᆞᆫ영ᄒᆞ여다 써ᄉᆞ오니 이층은 소저가 독당(獨當)하여 존ᄎᆡᄒᆞ오리다 ᄒᆞ고 녕암(靈巖) 원(員)의게 분부(分付)하여 왈 일등(一等) 명ᄀᆡ(名妓)와 ᄀᆡ구(器具) 절ᄉᆞ(節事)을 다ᄒᆞ여 드리라 ᄒᆞ고 만일 거녁(拒逆)ᄒᆞᆫ 즉 판쥬(辦誅)랄 당(當)할 거시니 조심(操心)ᄒᆞ여라 ᄒᆞ여거날 할님의 분부요 원님의 녕(令)이어든 어련이 거ᄒᆡᆼ(擧行)ᄒᆞ리요 구름ᄎᆡ일은 점가ᄒᆞ여 염음ᄂᆡ ᄇᆡᆨ목(柏木)을 무수히 처다가 ᄇᆡᆨ판서 상얼 ᄉᆞᄯᅮᆯ을 ᄇᆡᆨ치일(白遮日)을 놉게 치고 나쥬지ᄆᆡᆼ석(羅州之盲席)을 ᄉᆞᆷ간(三間) ᄃᆡ청(大廳)의 다복 ᄭᆞᆯ고 후의 네 ᄌᆡ상(宰相) 안질 좌ᄉᆡᆨ(座席)

52

을 도도와 초오코 그 엽푸로 ᄉᆞᆷ 동서 보전(甫氈)을 한ᄃᆡ 양할님의 보전을 볼 쏙시면 ᄉᆞᆷ즁셤(三重席)의 회피(虎皮) 도드음 초반상 압픠 노아 병부(兵符) 교유서(教諭書) 칠광판(漆光板)을 좌우로 비겨놋코 안석(案席)을 볼 쏙시면 ᄃᆡ명(大明)시ᄃᆡ로 절은 안석 ᄇᆡᆨ슈주(白水紬) 안을 밧치고 일광당(日光緞)으로 의(義)을 밧처 바람절의 남푼푼(亂紛紛)ᄒᆞᄂᆞᆫ 양은 ᄉᆞ람의 맛빗치여 바로 보기 무섭더라 긔구(器具)가 일어ᄒᆞᆯ 제 ᄉᆞᆯ 음식(飮食)야 엇지 다 기록(記錄)할이요 판서(判書)의 ᄌᆞᆫ치라 ᄀᆞᆺ{*근}읍(近邑) 수령(守令)이 다 모엿드ᄅᆞ 일등 기ᄉᆡᆼ 고인(鼓人)들이 ᄌᆡ조을 힘ᄃᆡ로 놀닐 적의 엇지 안이 즐거울가 네 ᄌᆡᄉᆞᆼ 안진 즁이 양할님 위풍(威風) 보소 군{*근}읍 수령이 네 ᄌᆡᄉᆞᆼ 안진

53

ᄆᆡ{*ᄃᆡ}난 물난(勿難)하ᄃᆡ 양정증{*승} 말이 잇시면 구궁ᄒᆞ야 무ᄉᆞᆫ 말이 ᄂᆞᆫ 즁 좌불안석(坐不安席)ᄒᆞ고 감히 압픠 섯지 못ᄒᆞᄂᆞᆫ 거동(擧動)이 위풍(威風)도 ᄃᆡ단ᄒᆞ다 이ᄯᆡ 홍판서와 정할님이 ᄉᆞᆷ 동서ᄂᆞᆫ 진듕 ᄃᆡ감의 큰 ᄉᆞ회들리 말ᄌᆞ 동서 압픠 좌불안석ᄒᆞ말 ᄒᆞ니 취즁(醉中)의 회가 나ᄆᆡ 양판서을 ᄃᆡ하야 취담(醉談)ᄒᆞ되 ᄉᆞ람의 일을 알 수가 업난 일리라 양(梁)ᄉᆞ중(査丈) ᄌᆞ식(子息) 나흔 ᄇᆡ 업시 둑거비을 어더ᄃᆞ가 ᄌᆞ식 ᄉᆞᆸ기도 남의 우세년이와 둑거비 ᄉᆞ름 되야 이갓치 영귀(榮貴)할 쥴 꿈의나 ᄉᆡᆼ각ᄒᆞ여시리요 ᄒᆞ고 조롱(嘲弄)커날 홍판서가 우심(尤甚)ᄒᆞᆫ지라 ᄃᆡ왈(對曰) 그 말슴 안이 하여도 ᄌᆞ식 업서 오즉 설워

54

워ᄒᆞ야 ᄉᆞ람도 안이요 둑거비을 ᄌᆞ식 ᄉᆞᆷ얼 ᄌᆡ 엇지 안이 불ᄉᆞᆼ ᄒᆞᆯ고 천신(天神)이 도으ᄉᆞ 어번{*변}성용(魚變成龍)ᄒᆞ여 둑거비 ᄉᆞ람 되야 이갓치 영ᄌᆡ(榮貴)ᄒᆞᆷ도 나의 팔ᄌᆞ요 ᄌᆞ식 업기도 나의 팔ᄌᆞ(八字)녀날 홍ᄉᆞ중은 엇지 잔ᄎᆡ의 오서 그런 말ᄉᆞᆷ ᄒᆞ신잇가 ᄒᆞᆯ 지음의 양할님의 이 말을 듯고 이러나 홍판서 겻ᄐᆡ로 오거날 ᄉᆞᆷ 제ᄉᆞᆼ(宰相)과 ᄀᆞᆺ{*근}읍 슈령(守令)들 다 긔좌(起坐)ᄒᆞ여 서더라 할님이 홍판서을 ᄃᆡᄒᆞ여 가로ᄃᆡ ᄂᆡ 둑겁비로 ᄉᆞ람 되물 조선(朝鮮)이 다 알거날 엇지 ᄂᆡ 붓친을 ᄃᆡ(對)하야 조롱(嘲弄)ᄒᆞ신난잇가 ᄉᆞ람의 근본(根本)을 다 말할진ᄃᆡ 한나도 온전(穩全)ᄒᆞᆫ ᄉᆞ람으로 세ᄉᆞᆼ(世上)의 난 ᄇᆡ 안이라 근본 말

55

ᄉᆞᆷ하시니 전싱(前生)의 강원도(江原道) 금강ᄉᆞᆫᄒᆞ(金剛山下)의 ᄉᆞ난 두선싱(杜先生)의 농우(農牛)러이 날나의서 금강ᄉᆞᆫ 천등불ᄉᆞ(千燈佛事)제 지ᄂᆡ실저 약식(藥食) 실코 간 그 공로(功勞) 이싱의 ᄉᆞ람 되야 잔{*판}서(判書) 지위(地位)의 잇거날 판서의 아달은 전싱의 호ᄌᆞ(虎子)로써 이싱의 ᄉᆞ람 되얏거든 엇지 짐싱을 비우스며 ᄉᆞ람을 조롱(嘲弄)ᄒᆞ리요 반광 모인 ᄉᆞ람을 다 이논(議論)할 제 ᄒᆞᆫ나도 온전ᄒᆞᆫ ᄉᆞ람이 안이오니 보라 ᄒᆞ고 무ᄉᆞᆷ 분부(分付)하더니 문득 홍판{+서}가 반이 남어 소가 되고 그 아달은 천 금{*근} 대호(大虎)가 되야 소을 보고 ᄌᆞᆼ난ᄒᆞ니 소난 범을 보고 ᄲᅳᆯ노 바드려 ᄒᆞᄂᆞᆫ 거동(擧動)은 천지간(天地間)의 일언 ᄌᆞᆼ관(壯觀) 엇지 다 형언(形言)ᄒᆞ리요 이러

56

할 제 반광 ᄉᆞ람이 노리 톡기 사십 호랑이 ᄉᆞ십 가토리 장긔 오리 황싱 ᄶᅵ올리 드림이 되와 각긔 저의ᄭᆞ지 혹 장난ᄒᆞ며 혹 닷토며 ᄒᆞᄂᆞᆫ 거동은 천지간(天地間) 처음 볼너라 너정(內庭)의 여러 부인(夫人)너들이 모드여 존치을 ᄒᆞ며 즐기더니 밧긔 ᄉᆞ환이 급피 와 고왈(告曰) 사랑(舍廊)의난 어러 ᄂᆞ님 셰방님너들리 왼갓 짐싱이 되고 우리 두 ᄃᆡ감과 할님 밧근 ᄉᆞ람이 업고 모다 들김싱이 되여 ᄌᆞᆼᄂᆞᆫᄒᆞᄂᆞᆫ 거동은 ᄎᆞ마 무서와 못 보거더이다 ᄒᆞ거날 홍{+판}서 만날히 닷고 놀너여 귀경코저 급피 너다르니 절노 풀적풀적 ᄯᅱ여지거날 ᄌᆞ시(仔細) 본 즉 둑거비가 되알난

57

지라 여려 부인들리 온갓 ᄉᆡ 짐성 되안지라 나ᄌᆡ 우ᄂᆞᆫ 접동이며 밤의 우난 두견이며 옥슈양 ᄭᅬᄭᅩ리며 춘납ᄉᆡ며 빗죽지며 ᄐᆡ박ᄉᆞᆫ(太白山) 갈가막구 츄풍산천(秋風山川)의 기럭이 봄ᄯᅳᆯ의 종질ᄉᆡ 방정마진 홀미ᄉᆡ며 저의 성정(性情)ᄃᆡ로 놀닐 적의 엇지 안이 ᄌᆞᆼ관(壯觀) 될고 ᄇᆡᆨ판서 두 ᄯᆞᆯ은 여시가 되여 이리 풀적 저리 풀적 뒤난 거동은 둑거비 ᄯᅱ여단일 제보단 더 보기 슬터라 할님이 그 시종(始終)을 다 본 후 무ᄉᆞᆷ 진언(眞言)을 ᄒᆞ니 일시(一時)의 ᄉᆞ람 되야 그 후와지심(厚意之心)을 몬ᄂᆡ ᄎᆞᆼᄎᆞᆫ(稱讚)ᄒᆞ드라 모든 ᄌᆞᆷ승이 양할님긔 ᄉᆞ죄(謝罪) 왈 미련ᄒᆞᆫ 거시 ᄉᆞ람이ᄅᆞ ᄃᆡ인(大人)을 몰나본 죄로 일봉(一番)

58

용서(容恕)ᄒᆞ여ᄉᆞ오나 세(勢)을 ᄉᆡᆼ각ᄒᆞ면 마음이 엇지 조흘ᄅᆡᆺ가 ᄉᆞ람마다 ᄌᆞ식(子息)을 나어 남의 ᄌᆞ식과 ᄒᆞᆫ가지로 과거(科擧)의 가서 제 ᄌᆞ식 과거을 못ᄒᆞ고 남의 ᄌᆞ식은 과거 ᄒᆞ여 한 좌석(坐席)의 안든 ᄉᆞ람들리 감히 님의(任意)로 압ᄑᆡ 단일를 못ᄒᆞ니 엇지 그 부모 되난 마음의 엇지 조흘잇가 조곰도 허물노 아지 말으시고 우리 ᄌᆞ식들을 조흔 말노 교훈(敎訓)하야 양할님 덕을 힘보게 ᄒᆞ옵소서 무슈히 술ᄅᆡ한ᄃᆡ 할님이 미소(微笑)ᄒᆞ고 답왈 ᄂᆡ 엇지 제 허물을 몰나보고 남의 말만 드러다 ᄒᆞ리요 인정소제(人情所在)의 그러할 듯ᄒᆞ오니 너무 용여(用慮) 말으소서 ᄒᆞ더라 홍판서 정할

59

님이 양판서긔 살릐(謝禮) 왈 못 먹난 숲ᄌᆞᆫ이나 먹ᄉᆞ오니 미련한 소견(所見)의 남의 ᄌᆞ식은 급제(及第)ᄒᆞ야 녕화(榮華) 일국(一國)의 빗나고 ᄂᆡ ᄌᆞ식 한 과거의 가서 과거도 못 ᄒᆞ고 한ᄉᆞ람의 ᄉᆞ회로서 큰 동서가 말ᄌᆞ 동서 압픠 좌불안석(坐不安席)ᄒᆞ물 보오니 그 이{*아}비 되는 마음이 온전(穩全)ᄒᆞᆯ잇가 과실(過失)은 조곰도 ᄉᆡᆼ각 마옵소서 양{+판}셔 공슌(恭順) ᄃᆡ왈(對曰) ᄉᆞ람의 마음은 ᄉᆞ람마닥 일반(一般)이ᄅᆞ 홍ᄉᆞᄌᆞᆼ이며 정ᄉᆞᄌᆞᆼ 말슴이야 당연(當然)ᄒᆞ온닷 엇지 마암의 온전(穩全)ᄒᆞ오릿가 나ᄂᆞᆫ 조곰도 마암의 두지 아이하나이다 하며 서로 위로(慰勞)ᄒᆞ고 종일(終日) 즐기더라 양판서난 말마다 슌후(淳厚)하아 ᄀᆞᆺ 보ᄂᆞᆫ ᄉᆞ

60

람들리 셔로 인심(人心)을 층찬(稱讚)ᄒᆞ난 말리 마음이 거룩ᄒᆞ고 인심이 고정(孤貞)ᄒᆞ더니 ᄌᆞ식 업서도 인심 덕으로 양ᄌᆞ(養子)ᄒᆞ야 부ᄌᆞ(父子) 녕화(榮華) 망극(罔極)ᄒᆞ다 일노 보건ᄃᆡ 마음을 잘 스면 ᄌᆞ식이 업서도 녕화 나ᄂᆞᆫ이라 ᄒᆞ더라 존치을 파(罷)ᄒᆞ고 각각 도라와 둑거비 말을 일분(一分)도 비웃지 아니터{+라} ᄉᆞᆷ 속이 지ᄂᆡᄆᆡ 서울노 올나가서 천{*전}ᄒᆞ(殿下)게 슉비(肅拜)ᄒᆞᆫᄃᆡ 상(上)이 몬ᄂᆡ 반기고 조선국(朝鮮國)의ᄂᆞᆫ 일이 업고 혹 무ᄉᆞᆷ 어러온 공ᄉᆞ(公事) 나면 할님이 저결(處決)ᄒᆞ니 ᄉᆞᆫ무근{*도}적(山無盜賊)ᄒᆞ고 {+도}불습유(道不拾遺)ᄒᆞ야 천ᄒᆞ(天下)가 ᄐᆡ평(太平)ᄒᆞ야 인심이 조곰도 그라계 먹난 ᄉᆞ람이 업드라 할님이 아달 ᄉᆞᆷ형ᄌᆡ(三兄弟)을 나흐니 ᄀᆡᄀᆡ(箇箇)이 쥭{*쥬}옥(珠玉)이요

61

초연(初年) 등과(登科)ᄒᆞ니 명망(名望)이 일국(一國)의 진동(振動)ᄒᆞ더라 일노 보건ᄃᆡ 세상 ᄉᆞ람 ᄌᆞ식 업서 ᄒᆞ난 ᄉᆞ람이 흔ᄃᆡ 다 제가 졸못ᄒᆞ나서 ᄌᆞ식이 업난 일이지 엇지 ᄉᆞ람으로 ᄉᆞᆷ겨나서 종ᄌᆞ(種子) 업기 ᄒᆞ리요 양판서로 볼진ᄃᆡ 인심이 거록ᄒᆞ고 마음이 고정(孤貞)ᄒᆞ고 인심이 거록ᄒᆞ니 천신(天神)과 후토(后土) 신명(神明)이 감동(感動)ᄒᆞ야 ᄌᆞ식은 나을 길이 업ᄉᆞ니 옥황(玉皇)의 조하(造化)로 선관(仙官)을 점지(點指)ᄒᆞ야 세ᄉᆞᆼ ᄉᆞ람이 보게 ᄒᆞ미 나무 ᄉᆞ람이라 마음이 고정ᄒᆞ고 인심의 거록ᄒᆞ면 엇지 그런 ᄉᆞ람의 후ᄉᆞ(後嗣)가 업긔 ᄒᆞ리요 세ᄉᆞᆼ ᄉᆞ람들아 ᄌᆞ식 엄ᄂᆞᆫ 일은 원통(怨痛)이 아지 말고 마음만 고정ᄒᆞ고 인심만

62

일치 마소 청청청비(靑天聽卑)ᄒᆞ나 엇지 천지가 무심(無心)ᄒᆞ며 천신이 모를손가

이 ᄎᆡᆨ 쥬인(主人)은 림소저(林小姐)로소이다 글시난 흉괴망필{+이}(凶怪亡筆)나 이 몸으로는 중(重)이 역임니 ᄃᆞ 아{-아}실여로ᄃᆞ

찾아보기

둑겁전(영인)

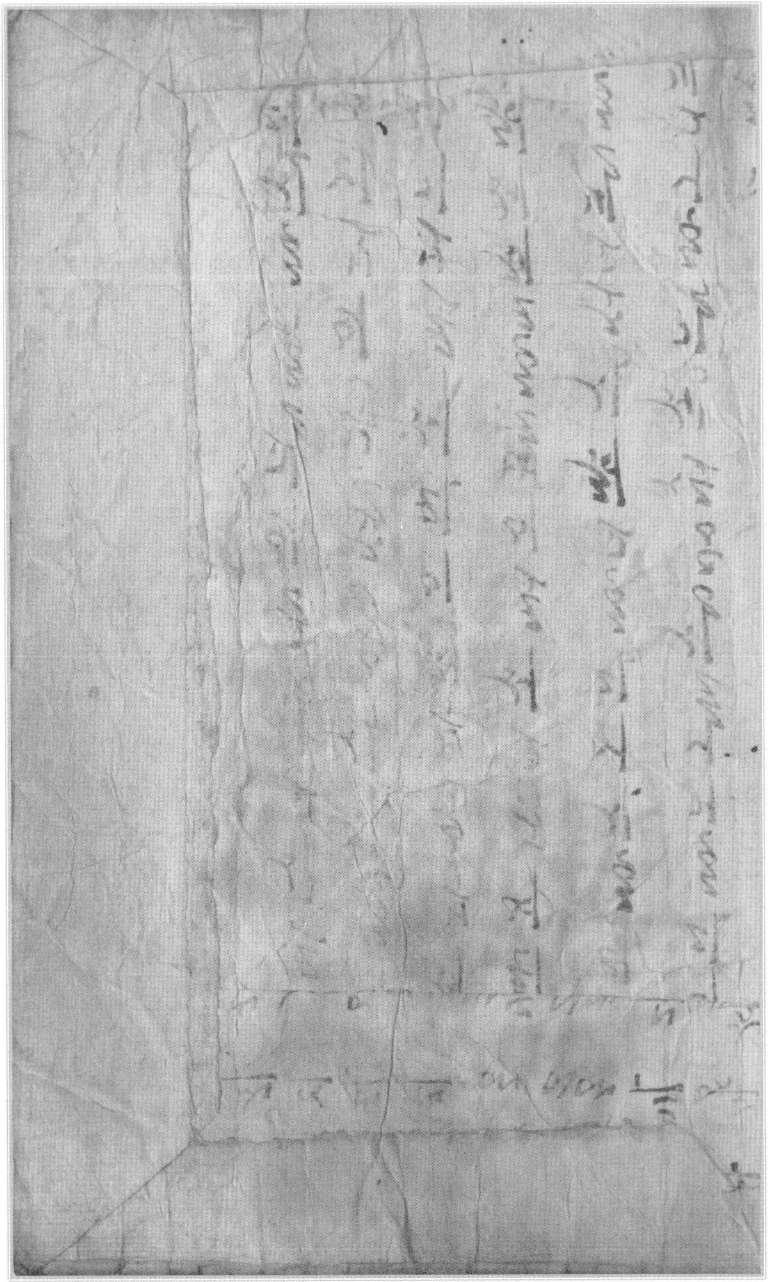

둑겁젼 권지일

녕악 월츌산 하의 ᄉᆞ난 한 ᄉᆞᄅᆞᆷ이 잇시되 셩은 야ᄉᆞᆷ이오 일흠
은 쳬괴라 양쳐 지부ᄂᆞᆫ 협협을 ᄒᆞ너셔 가셰 난 요부ᄒᆞ되 년
광이 ᄉᆞ십이 너머ᄃᆞ 골육 슬ᄒᆞ의 이실 셰ᄋᆡ 졀륙이 업소니 양싱
부ᄋᆡ 쥬야의 ᄌᆞ식 업셔 ᄉᆞ망을 셜워ᄒᆞ며 두 젼업셔 셔ᄒᆞᆼ 소 한
식ᄒᆞ셰ᄒᆞᆫ 날을 올어ᄋᆡ 츄쇄ᄒᆞ려ᄀᆞ 이날은 벗소 못시ᄅᆞ
ᄒᆞ노 못시 이스되 양싱이 낙뢰을 비고 못가의 고기 낙기을
일을 숨어시 월을 보니며 ᄒᆞᄅᆞᄂᆞᆫ 고기을 숩이 보ᄆᆡ 셜ᄒᆞᆫ 구사ᄒᆞ
을 ᄒᆞ려나 ᄒᆞᆯ로 난 못가온ᄃᆡ 낙뢰을 ᄃᆞ려시고 ᄒᆞᆼ이 ᄒᆞᆯ ᄒᆞ고 고기
난 보이지 안ᄒᆞ고 우ᄉᆞ니 짐싱이 올에 오ᄅᆞᄒᆞ거ᄂᆞᆯ ᄃᆞ연ᄒᆡ
ᄃᆞᆯ을 ᄃᆞ라 집의 ᄃᆞ려와 한식 월ᄂᆞᆫ 군ᄀᆞᆫ부ᄋᆡ 셔ᄅᆞ 숭ᄂᆞᆯ 두려니

01

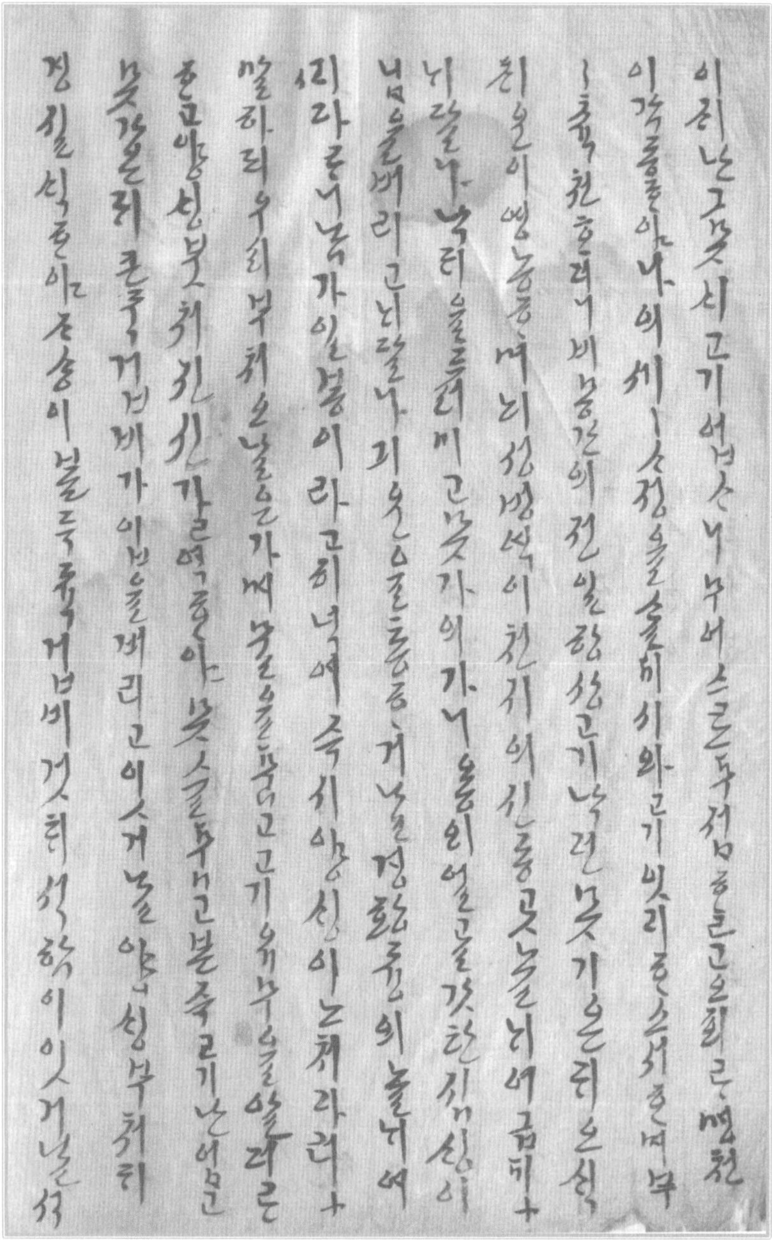

02

홧을 가지고 두던 우의 올나 안ᄌᆞ 얼골 본즉 다ᄅᆞ니 손어보고 골을
ᄒᆡ여 쓰러 그 굴의 월 쳑기 보라 쳔싱의 죄 지 중ᄒᆞ야 이
싱의 ᄂᆞ시 업ᄀᆡ ᄒᆞ엿ᄉᆞ니 나의 부ᄎᆔ ᄆᆞᄋᆞᆷ이 고졀ᄒᆞ고 인ᄉᆡ이
거륵ᄒᆞᆫ 계ᄅᆞᆯ 쳔신이 가ᄅᆞ치ᄂᆞᆫ 하ᄉᆞ지 ᄌᆞ을 켜지 하니 부뢰ᄂᆞᆯ
니 지 ᄆᆞᆯ고 이 죽거ᄂᆞᆫ 네 ᄋᆞᆯ 가져다가 네 거시의 우ᄒᆡ ᄇᆞᆯ 가슈
속의 ᄆᆞᆯ ᄒᆞᆯ 거시니 의심 ᄆᆞᆯ고 다려가리. ᄒᆞ여거날 안심ᄒᆞ
취서ᄅᆞᆫ이 ᄂᆞᆫ 월옥 무ᄌᆞ 하ᄋᆞᆯ ᄒᆞᆫ ᄂᆞᆯ 피옥 ᄌᆞᆨ이 가득ᄒᆞ시
고 ᄇᆞᆯ송히 너기 이 ᄉᆞ지 김ᄉᆞᆫ을 졋지 되신가 시부이 다ᄅᆞ
여 가ᄉᆞ이 다 ᄒᆞᆫ고 치마의 죽거ᄂᆞᆫ 계ᄋᆞᆯ ᄎᆔ사의 ᄊᆞ어 보고 지ᄇᆞ로
ᄃᆞ라와 방의 ᄂᆞᆫ외 이 죽거ᄂᆞᆯ 비ᄉᆞ 방으로 단이며셔 ᄭᅡ리 ᄆᆞᆫ즈 비며
고 단이다가 ᄒᆞᆫᄃᆞᆯ ᄂᆞᆫ 놀용다 려 ᄎᆔᆯ이 ᄂᆞ서 쌋ᄒᆞᆫ 뻐 ᄎᆔᆯ 주ᄅᆞᆯ

03

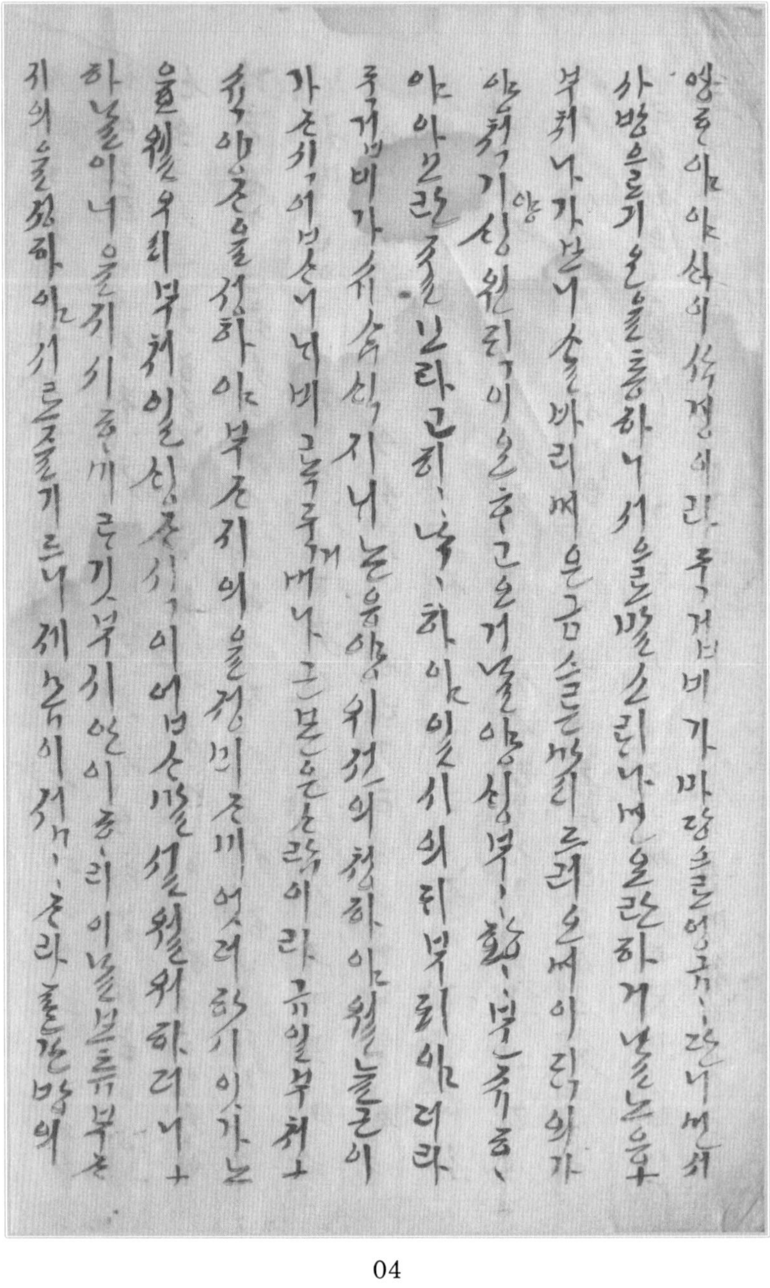

04

기특한지라 각시들이라 이려하는냐 죽거비가 부친과고
하시니 왕을 세상 사람을 몰라라 가각 쑥이 있시려니 순한 흔을 능히
쉬 니어지 아니 절혼 아이 하리오 청혼화 와 부모양 전의
년화를 보여 하소서 부리 소왈 네 말이 기특하나 네 형
롱을 어되가 주론 즐리 오롤 되 죽거ㅂ비 원을 혼가라 +
킨리는가 시와 친혼하세 릐을 거시니 벽일 일의 닛친이
저손을 너께가 세군 까울이 잇쓸거시니 그즐 즐의 가서
벽만 서울 추거 친혼 조소 서호 거놀 양신 부 신각하니 +
불니 그려 삼이 아 라을 운어 본다 만 사월 삼혈 리을 주어 쓰리 손은
난 일홈이 희 소 비 니 롱한 서의 써나 리리고 추어 난 미 웰리
니 경할 남의 써나 리리고 말리 사을 이을 홈은 원신니 니 시물

05

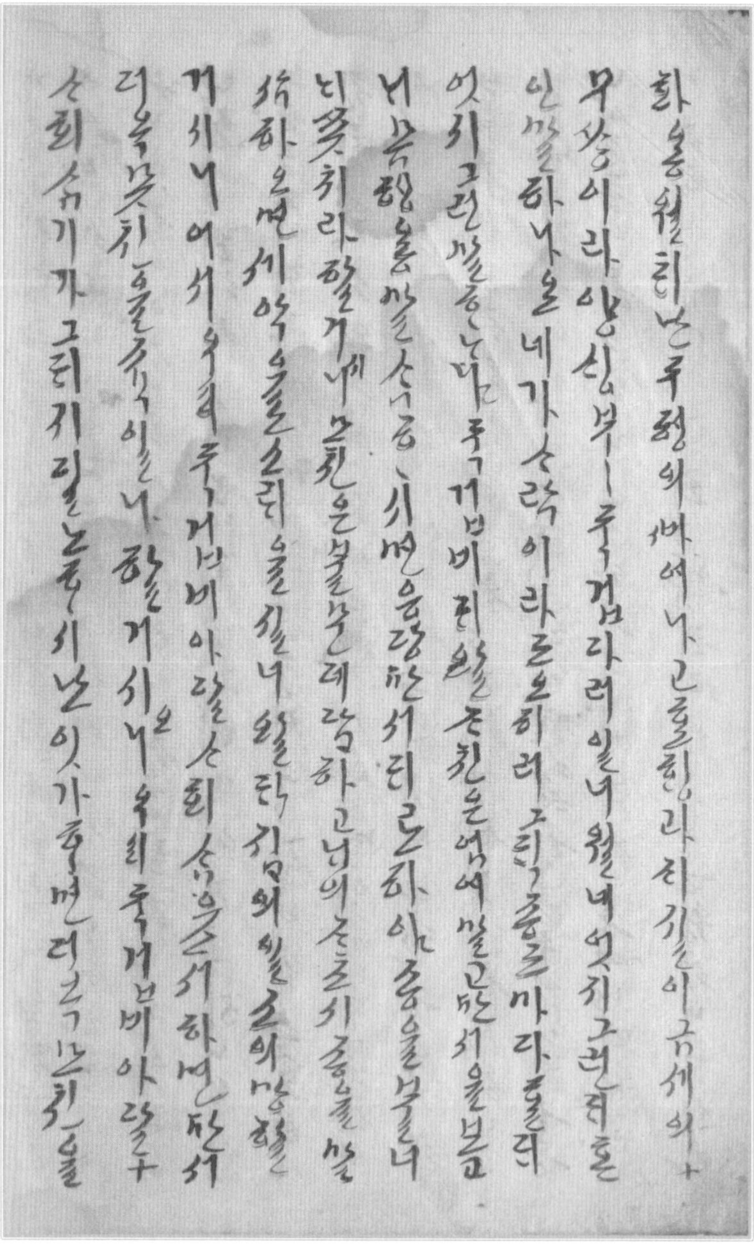
화용월ᄐᆡ난 주평의 ᄲᅡ여나고 ᄒᆞᆫ림라 ᄌᆡ기ᄂᆞᆫ 이금세의
무쌍이라 양심부ㅣ 두껍다려 일ᄂᆞ 월네 어지그런데 ᄒᆞᆫ
인말ᄉᆞᆷ 하나오 네가 소락이라 ᄂᆞᆫ 오히려 그럿ᄒᆞ믈 마다ᄒᆞᆯ터
어시 그런 말ᄉᆞᆷᄒᆞᄂᆞ다 두거비 ᄃᆡ왈 ᄂᆞᆫ 천ᄒᆞᆫ 어서 말고 ᄒᆞᆫ서 울봅
너ᄂᆞᆫ 흘올 말ᄉᆞᆷ 소ᄂᆞᆫ 시연 웅당ᄒᆞᆫ 서리ᄅᆞᆯ ᄒᆞ야 중을 부ᄅᆞ니
되ᄭᅩᆺ 취라 ᄒᆞᆯ 거ᄂᆡ 오ᄎᆡᆫ은 부ᄅᆞᆫ데 ᄃᆡᄒᆞ고 ᄂᆞᆫ의 ᄌᆞᄌᆞ시 좋을 말
ᄉᆞᆼᄒᆞ오면 세악을 소리을 깃ᄂᆞ니 ᄋᆡᆯ라 집의 실ᄋᆞᆫ 소의 ᄆᆞᆼᄒᆞᆯ
거시니 어서 우리 두거비 아ᄃᆞᆯ 소회 슈울 서ᄒᆞ여ᄂᆞᆫ서
더욱 ᄆᆞᆺ치ᄂᆞᆫ 효ᄌᆞ 주식이ᄂᆞᆫ 나 ᄒᆞᆯ 거시오니 우리 두거비 아ᄃᆞᆯ 두
소회 슈기가 그런지 되ᄂᆞᆫ 두ᄉᆞ시난 이ᄉᆞ가 ᄒᆞ면 더욱 ᄆᆞᆺ치ᄂᆞᆫ을
06

숙이온나 하올거시나 그난 니여서 방비 하올거시니 조곰도 셥ㄴ
여러밧슬 우기고 혼인 허락만 바다 올셔 흔거날 까치 날
하이논 저 뎍사람의 울나가 죽거비 하은 뒤로 주초시옵
올다 한즉 빈한 거리 로흔 아셔 안을 쳐왈 거할 께 올호
니 쫏치라 하거날 하니 가뉴히니 쥐기 못하리라 할 께
더욱 소리랄 시너 말만 이을 우리 죽거비 안할 소리 안니
삼녀 어서 난리 짓비 이즐 조의 망할 거시나 박비 우리 죽거
비 안할 소회 속우거는 구리 기 지는 중신난 이가 난셔 려욱
뎌근 하아 보거거을 셰에 할 미낙을 치나 거ㅅ광이 벗나며
누이되 굴ㆍ중굴 다가ㆍ조근 낙ㅅ 치며 더욱 소리랄 크게 질으
거날 이ㅅ되 원근 선 소겨 칙선을 하다가 소간 조으려나 베노

07

간의 쳔승의 셔한 션여 너러의 소져의 손을 주문리 왈 오
졍션관이 소져와 쳔졍연분이 즁하압드니 소져난 문거이 간우
의나오시고 션관은 그져 기시다가 인간의 너히 시졀 진비구뎟
즁다하야 상직과 극진혼고 거월의 인간의 너뒤시졀 진 죽거
비러 무울을 ᄯᅳ여 너완 아웰을 흐를스 ᄒᆞ의 빈 소못시 너여 아쳑ᄒᆞ
괴집을 인여 울거 버리기 마른 소셔 할시 음의 활세 소리의
늘너 시리다 근너 년예의 말리 지의 쥥혼고 밧기셔 년난셔ᄒᆞ
되근을 이라 갈 근리 세상의 이러한 일을 치음 보리로두혼고 즐
부르너 졔 활 미을 밧비 너 히 른 혼고 바르 만을 홀 가부 인다러 왈
우리 집 올시 긴하 여는 지 쳔만 외외예 년악 월을 주을 손 하의

08

순다 하난 할세가 와서 청춘흥기로 분로의 기을 셰여 할미낙
을 취니 녹이 되 글그 궁글다가 주를 부치여 말하니 천지가
의 이른 연일은 처음 보아스니 엇지하셔 주를 그 흐니 부싀 왈
이난 반다시 괴변이니 가부을 고소 신낭니나 아니 걷하거든
흔수 하사 이다 한되 되가 왈 손근 안니 올 죽거비 아달을
주어다고 청혼한이 이 이를 엇지하야 주를 고할 히 소제 거스런 안
종다가 녕옹 되왈 부친은 너무 글어 까리라 이리 지번인
온흉 오니 너 갈 용 께까라 소져 리가 상의 개을 삽하+
듯소오니 그저 까불 못할 듯 흐온 할 께 올 보너 보소 이드+
하거날 블너 실 죽 가연 부의 뒤한 겁이 어브고 칼흔 적이
업거날 되 가 낙쳐 괴변인 줄을 알고 어지 할 길 어브서 할 께

09

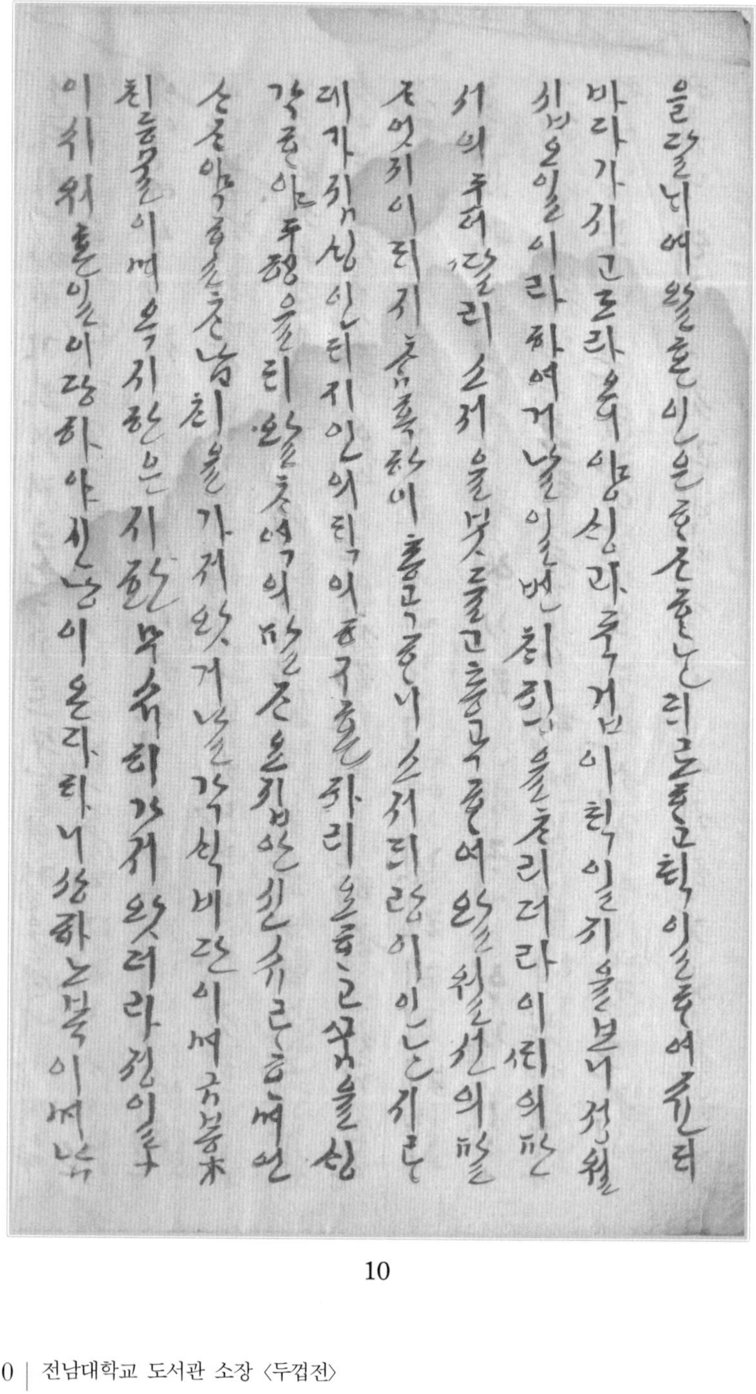
을달니여왓ᄉᆞᆸᄂᆞᆫ이은ᄒᆞᄌᆞᄒᆞᄂᆞ니라ᄒᆞ고환탁이을ᄒᆞ여쥬던
바다가지고ᄃᆞ라오니양신라두겁이환일지을보니졍월
십오일이라ᄒᆞ여거날이ᄂᆡ번치ᄒᆞᆫ을ᄎᆞ리더라이ᄯᅢ의ᄯᅡᆫ
서의주여ᄃᆞᆯ리소저을붓ᄌᆞᆸ고ᄒᆞᆫᄒᆞ여왓ᄉᆞᆯ위ᄉᆞᆯ선의ᄯᆞᆯ
ᄌᆞ어지리이되지ᄎᆞᆷ혹ᄒᆞ이ᄒᆞᆯᄌᆞᄒᆞᆫ나소저다ᄅᆞᆷ이이ᄂᆞᆫ지라
대가리ᄉᆡᆼ인되지인의덕이ᄒᆞ구ᄒᆞᆫ지라오ᄒᆞᆫ고ᄭᅮᆷ을ᄉᆡᆼ
각ᄒᆞᆫ이두꺼ᄒᆞᆼ을되왓ᄉᆞᆯᄎᆞᄋᆡᆨ의ᄯᆞᆯᄌᆞ온집안식슈근ᄒᆞᆫᄯᅢ여
소ᄌᆞ아무ᄒᆞᆯᄎᆞᆫ남치을가져왓거날각시비단이ᄯᅢ금봉ᄎᆞ
치듯굴이며옥지환은지환무슈히가져왓더라ᄌᆡᆫ이ᄯᅩ
이쉬위혼인을이당하야시ᄂᆞᆫ이온라되나상하는발이ᄯᅢ나

10

네 눈 업시 곳 보려 조름ᄂᆞᆫ이 못하더라 선낭의 치리 날삭
시쎈 비ᄉᆞ조ᄒᆞᆫ 쥐ᄅᆞᆯ 좃차 다 저 주리의 빈구 쥐 쥐바 지에 ᄯᅳ려 ᄌᆞ혀
리ᄭᅦ 이ᄂᆞᆫ 죵강금 ᄒᆞᆼ을 놀너 쏙고 나서 쥐 쥐 쥐 치 마ᄀᆞ의 한 ᄉᆞᆫ을
쥐 칭ᄅᆞᆯ 동을 밀시 시리 뎔쳐 이ᄂᆞ고 손으로 갓지 스고 국안 중을
ᄲᅡ의 엉금 서ᄉᆞ 저ᄀᆞ을 나 안ᄌᆞ 안중의 틱을 걸고 입을 너지 주라
ᄃᆞᄒᆞᆫ쎄 온ᄂᆞᆫ 거ᄅᆞᆫ이 온주 ᄒᆞ쎄 너 불님을 너 주리 ᄒᆞ쎄 티구의
서ᄂᆞᆫ 새ᄅᆞᆯ 다ᄀᆞ 눈을 그ᄒᆞ져 ᄒᆞᆫ쎄 ᄃᆞ리 오ᄂᆞ 그 나ᄋᆞᆼ 그리 ᄃᆞᄂᆞᆫ 친지
갓의 취음 불 너라 선 ᄇᆞ 집의 ᄃᆞᆯ서 가서 ᄒᆞᆫ싸 하고 이 ᄇᆞ을
너ᄇᆞᆫ 쥭ᄀᆡ 엉금 거러 ᄎᆞ리 치의 울나가나 원ᄂᆞᆫ 집 쳐 상아
논 부리 곳 보ᄂᆞᆫ 사람ᄃᆞ리 되편 집을 ᄒᆞᆫ 인 업더 기세 ᄀᆞᆺ 바

11

귀세하난소관이부귀기슬을니라 상모난나부를을누고
릉쓰고되설롱곡기결하여안즈란좃슬느희드라양헝은등구
싱의신세랄싱각흐고비회을금치못흐드니리율길너
후의죽거보이신부방의드러가서소방을줍을너보니방안
취리찰난중을번능화로백의원능화니을니고각중중만
의소리방중의젼되경각지술이 능중생중지주키너소
피하능빈다지셔시별각슨호강되화발추발추려겨느
고흘흘수슈흐뉘비이불공단되단소슈이불의중의보
을지여너시시거려 능고흔드니숨치리불쑥시녀슈방
흔방오리탕의세리옹기탕의후추후드린상치다리곤

12

ᄎᆞᆨ〻 되화셕의 허리 늘진 ᄉᆔ에 셕쇠에 ᄎᆞᆫ 옥ᄎᆞᆯ 만이〻
리엿더라 조흔 유시ᄀᆡ 안나 세ᄀᆞ고 님을 너ᄆᆞᆷ ᄌᆞᄎᆞ〻 ᄀᆞᆨ 배러 ᄆᆞ리ᄉᆞᆯ
주ᄋᆡᆨ고 희지기 ᄡᆞ 기다리더라 ᄆᆞᆫ득 져역이 당ᄒᆞ야 셕반을
무ᄅᆞᆫ 니치고 ᄎᆞᆨ부ᄅᆞᆯ 을 드〻 치고 농월을 두져 나ᄒᆞᆫ 셔북〻
낭ᄌᆞᆼ을 간신이 달니여 들어 보니 나 ᄌᆞ거ᄂᆞᆫ 네 거ᄅᆞᆫ 살
ᄉᆞ체 버블 을 신부을 ᄂᆡᆫ 겁ᄒᆞ여 안거 낫시 ᄇᆞ나 ᄉᆞᆨ을
나 ᄎᆞᆯ가리고 체음 ᄒᆞᆫ되 죽거ᄂᆞᆫ 네 조흔 ᄆᆞ리 어게 ᄇᆡᆼ셕 ᄉᆞᆯ
을 보ᄂᆞ ᄉᆞᆫ연고ᄅᆞ 우ᄂᆞᆫ 고ᄒᆞᆫ거 ᄂᆞᆯ시 ᄇᆞ부 주거ᄇᆡ 비ᄆᆞᆯ 리ᄒᆞ무ᄅᆞᆯ
신기 ᄯᅥᆨ여 되 담ᄒᆞᆫ되 우리 시ᄇᆡ이 셰되 ᄂᆞᆫ 공주 거 ᄌᆞ을 나오
다가 부ᄉᆞ 인이 ᄌᆞᆫ 손이 여ᄇᆡ셔 셜웜 ᄒᆞ시더니 우리 송쳥
지을 주시와 쳔금 중 옥 갓치 기르니 주졈은 공주 의르

13

러가ᄂᆞ나ᄅᆞ부모의혹ᄒᆞᄂᆞ시ᄅᆞᆯ반ᄇᆞᆫ이ᄒᆞᄂᆞ나갑고저ᄒᆞᄂᆞᆫ앗
드니져ᄂᆞᆫ신의무슈리로이기정이리셔그리와숙종지의ᄅᆞᆯ
ᄉᆡᆼ각하니어지아니ᄉᆞᆯ프리오두겁이이ᄂᆞᆫ리니ᄂᆞᆯ을
드르소셔ᄌᆞ손들이아니라날ᄅᆞᆫ쳔숭의셔ᄇᆡ맛ᄂᆞᆫ용ᄒᆞᆫ유업로
나의가문의ᄇᆡ그릇ᄒᆞᆫ다ᄒᆞ이다그리로두거비러무ᄅᆞᆯ을ᄡᅳ셔
니히시니그즁아양ᄎᆡᆨ과ᄉᆞ셔ᄋᆞᆫ소리셔그리와어ᄂᆞᆫ부ᄅᆞᆯ
미시고ᄒᆞᆷ께ᄒᆞᆫ번ᄃᆞᆯ어셔가지두거비되기을ᄉᆞᄒᆞ쇼리오
그리가세슬가지고나의번을하라하거ᄂᆞᆯᄉᆞ셰그졔이ᄂᆞᆼ소와
갓ᄃᆞ다ᄀᆞᆯᄋᆞᆫᄃᆞᆷ와ᄉᆞᆯ셰숑ᄂᆞᆫ날리벼리을하어지ᄉᆞᆫ나오의식
ᄒᆞᆷ께날두거비셰와ᄉᆞᆯ쉬을ᄀᆞᆯ나아니이허ᄂᆞᆯ을내술거시니

14

조곡ᄌᆞ이 시ᄂᆡ 취 ᄡᆞᆯ 근ᄇᆡ을 가르라 ᄒᆞᆫ듸 신부가 세 올 가취
근ᄇᆡ을 갈ᄋᆞᆫ나 그허무ᄅᆞᆯ 나 베서져 졀ᄂᆞᆫ 줄ᄂᆞᆫ ᄭᆞᆯ 여ᄋᆞᆫ 묵
을 가근 놀러 여ᄂᆡ 눌옥 골 선ᄯᅥᆫ 나 이ᄅᆞᆯ 여 안즈니 ᄌᆞᆼ 져추 묵
기ᄋᆞ 망월리 ᄒᆞᆨ구 오ᄂᆞᆫ 울 ᄒᆞ 치 ᄂᆞᆫ 닷 신부 그제야 ᄂᆞᆼ소 가ᄂᆞ
허ᄉᆞ 아나리. ᄒᆞᆫ근 흙ᄂᆞᆫ 하더라 선관이 ᄉᆞᆫ ᄒᆞᆫ 눈을 ᄀᆞ러 ᄉᆞ
져을 ᄌᆞ니 갈 ᄇᆞᆫ 나 져ᄋᆞ 쉬ᄀᆞ ᄒᆞᆫ 기려ᄀᆞ이 세 노ᄀᆞ. 워ᄅᆞᆯ 리나ᄂᆞᆫ 시ᄂᆡ 갈 울 놀
니ᄂᆞᆫ 기라 ᄭᆞᆯ 을 나 ᄌᆞᆨ히 ᄒᆞᆫ 주 이ᄂᆞᆫ 와ᄅᆞᆯ 그듸 가 나 을 보근 놀 니ᄅᆞᆯ 다 ᄉᆞᆫ
여허 수 ᄅᆞᆯ을 벗거 나 와 쎵 이ᄅᆞᆫ 의 ᄃᆞᆼ 이 쓰근 잇 다가 ᄒᆞᆫ 이 ᄎᆞᆫ 후
버시ᄂᆞᆫ 거 시 니 부 신 은 쳔 기 올 누설 ᄭᆞᆯ 나 ᄒᆞᆫ 고 ᄌᆞᆨ 부ᄂᆞᆫ을 무ᄅᆞᆯ 이
취고 원 낭 치ᄂᆡ 구ᄂᆡ 의 양 인 의 ᄒᆞᆫ 후. 기 나ᄀᆞ 올 어ᄉᆞ 이 라 셩 혼 후 리 오
ᄲᅧᆼ ᄂᆞᆯ 의 신 부 나 와 괴 식 이 쳔 ᄲᅥᆫ ᄒᆞᆫ 고 ᄋᆞ 희 려 조 하 ᄂᆞᆫ 듸 비 키 잇

15

게날부ᄐᆞ동싱일가친쳑노복이서로놀을쥐어ᄒᆞᄂᆞᆫ
마리레달ᄂᆞᆫ죽거베싼ᄂᆞᆯᄯᅡᆯ즈라ᄒᆞ고서로이봉을ᄡᅵᆺ긔ᄒᆞᆫ
써엉규ᅵ거러나와상인을보고앎을ᄒᆞ고을실나ᄂᆞᆫᄒᆞᆫ거날누
서위안이실나ᄂᆞᆫᄒᆞᆫ거날ᄌᆞ거거베엉규혈려가ᄒᆞ고나오셔
군살ᄒᆞ야나오써라나ᄂᆞᆫ개ᄂᆞᆯ이엇지뵌연손을앗어보나하고ᄒᆞᆫ
나ᄂᆞᆫ고복을미기지못ᄒᆞ여신발을건너갈진놀을굴젹
ᄒᆞ여취나울달려가ᄂᆞ싱키써네셜ᄂᆞᆫ물젹ᄂᆞ뛰여가나
종오보고ᄒᆞᆫ세벽ᄀᆞ소ᄅᆞᆫ야정신을진정치못ᄒᆞᄂᆞᆫ중ᄀᆞ
거비되각을티ᄒᆞᆫ사가ᄅᆞ되니록지셩이나소회나ᄂᆞᆫ일바이
라쥬소회나ᄂᆞᆫ져되지소ᄅᆞᆯ조셔나ᄂᆞᆫ어ᄀᆞᆫ쇽이녀녀되젼ᄇᆞᆫ을줄

16

못하니 그런 도리 어ᄂᆞᆫ이다 하거ᄂᆞᆯ 방즁 ᄉᆞ람이 세ᄭᅮ 소회 박ᄎᆞ리
소회라 이ᄯᆡ 한서의 싱일이 당하여 오거ᄂᆞᆯ 주소회 잔ᄎᆡ 기근 ᄋᆞᆯ소
영나 하여다가 장인 ᄉᆡᆼ싱일 ᄌᆞ치의 쓰게 하ᄌᆞᄒᆞ고 술영 갈재고
을 ᄎᆞ일 석의 보리ᄃᆞ리 ᄆᆞᆯ 빗고 니 ᄌᆞᆯ ᄀᆞᆫ난 술영리오 갈시 ᄌᆞ흔 ᄉᆞ
한 ᄃᆞᆯ을 무쉬 허다리근 걸년 ᄎᆞᆼᄒᆞᆫ 마의 긋어 ᄯᅩᆼ을 시니
라고 가거ᄂᆞᆯ 두거비 져튼 안ᄌᆞ다가 장이 거고 왈 듕서 듣은 ᄉᆞ
영을 가셔나 울 칭치 안니 ᄒᆞ고 가오니 나도 술영을 가려 ᄒᆞ오
나는 바ᄋᆞᆯ 주시면 술영을 갈난다 하거ᄂᆞᆯ 뒤ᄉᆞ 왈 네가 가기 시이
셰우 ᄉᆞᆫ술영 ᄒᆞ리오 ᄂᆞᆫ세 ᄂᆞᆫ가게 ᄒᆞ거ᄂᆞᆯ 술영은 ᄉᆞ할지라도 귀
졍이나 호러 하오나 횡ᄌᆞᆼ이나 ᄎᆞᆯ여 취실가 ᄒᆞ거ᄂᆞᆯ 뒤ᄀᆞᆨ이 ᄭᅢ
지 못ᄒᆞ야 는 바을 ᄎᆞ려 주거ᄂᆞᆯ 하이 인라려 왈 ᄉᆞ라가서 ᄒᆞᆫ난리

17

ᄅᆞᆫ 셤ᄆᆡ다리고 오라 ᄒᆞᆫ거ᄂᆞᆯ 주거셰 하이다 려ᄒᆞᄂᆞ 마리 너희 ᄃᆞᆯ은
니가 라치ᄂᆞᆫ 리로 하라 하니 ᄉᆞ환 ᄃᆞᆯ리 ᄌᆞᆫᄊᆞᆯ 하여 왈 나 ᄌᆞᆼ을
보존ᄒᆞ고 가려니 ᄎᆞᆼ암 절벽은 반공의 소ᄉᆞ의 시은 ᄒᆞ나로 ᄌᆞ천이
북ᄒᆡᆼᄒᆞ고 ᄂᆞ업 ᄀᆞ의 ᄂᆞᆫ 천만 층이나 ᄒᆞ고 북도 ᄉᆞᆫ ᄂᆞᆫ 창천의 거리 잇
고 셰금 주 ᄎᆞᆨ ᄂᆞᆫ 곧 ᄀᆞ리 왓ᄂᆞᆫ니 ᄒᆞᆫ도라 주거 베ᄆᆞᆯ 리나려 금 ᄂᆞᆼ의 ᄒᆞ
셔 뫼ᄅᆞᆯ 넉ᄭᅥ을 니여 빈 손을 ᄡᅥ셔 ᄉᆞᆫ을 주며 왈 져 손을 너ᄲᅥ가
셰ᄉᆞᆼ 하의 즁ᄉᆡᆼ이 이시ᄆᆡ 져 시나 그 ᄌᆞᆼ을 ᄌᆔ라 ᄒᆞᆫ거ᄂᆞᆯ ᄒᆞ션ᄃᆞᆯ
이 가ᄉᆞᆯ이 녀녀 시 념젹 하야 바다 가시고 그ᄉᆞᆫ을 너ᄭᅦ 가보니
과연 벽 ᄇᆞᆯ ᄂᆞᆫ ᄉᆞᆫ이 ᄆᆡᆫ ᄉᆞᆼ 아 ᄅᆞᆫ 이셔거ᄂᆞᆯ 번ᄎᆞᆯ ᄌᆞᆯ리 ᄉᆞᆼ
마다 보고 ᄉᆞᆫ 왈 수어 셰 ᄡᅳ실 ᄂᆞᆫ고 ᄒᆞᄃᆡ 너나 ᄉᆞ환 다려 ᄉᆞᆫ은

18

며우소서하고 가더니 이윽하야 혹기소시는 느리 장기가르
리둥술울 누슈히 숩아가지고 올려나 소환가 한가지 죽
거베 잇난듸로 가 조총거날 한줄이 ᄊᆞ음의 놀나셔서
로 말하되 찍정 수쇄일이 잇다 죽거비라 쉬히 살라가
난듸 환을 불거시니 우듸듸 갓보닭더 누섭다 흉려라
그즁이 쥬거서셔방나귀견의 무안한듸 쥬거비 취의기누
슈불부증께 시언을 친듸 술리울 크게 질어고 쥭줄
울더나고 참슈을 벗고 진언을 외우니 뇌송병역이 천지
의 진동하며 쥬은 간듸 업고 천규듸 줄가 입을 ᄇ리고 잣난
하거날 소환드이듸 정질식하야 쥭거셔방나귀울 부르아
께 술여쥬암소서 무쉬히 인절흥듸 쥬거비 무슈진언

19

울외오나니셔ᄉᆡᆼ이ᄉᆞᆷ치고버ᄂᆞᆫ간ᄃᆡ업고쥐ᄉᆡᆼ이쥐ᄉᆞ중을집
고션ᄂᆞᆫ지라주거비ᄂᆞᆫ부ᄒᆞ리너의들리기ᄇᆡ의ᄃᆞ라가서누초
셜즉소ᄅᆡ올이건우리리불부ᄅᆞᆯᄃᆡ중도굴이궁구ᄒᆞ야볼
부ᄃᆡ드러ᄒᆞᆫ즉오리라ᄒᆞᄂᆞᆫ오ᄃᆡ라잇ᄃᆡ우중서나ᄂᆞᆫ소연은서이
누번시로뭇잡아나ᄂᆞᆫ지라시녀난ᄒᆞ야셜쳐조로리쉬려나희
련배남간의엇ᄃᆡᄒᆞᆫ역ᄉᆞᆫ달여와주중서을잡아가지고ᄒᆞᆫ
골ᄂᆞᆫ드러가ᄃᆡ니소시난어나쉬ᄒᆞ고쥐산은중천ᄒᆞᆫ
되ᄒᆞᆫ궁궐리잇시되들어가보니이위선관이별우선을
드고가온ᄃᆡ너의가빈파ᄂᆞᆫ서의소ᄅᆡ들아니아ᄅᆞ게날과션
기로소이다ᄒᆞᆫᄃᆡ선관왈너의들이ᄃᆡ기시리중인주ᄅᆞ아

20

논다이 후의 뉘를 갈거시니 그ᄃᆡ의 어기옷ᄭᅴ어셔기ᄒᆞ라ᄒᆞ
고 주ᄉᆞ관속을 우ᄒᆞᆼ을 벗기고 ᄃᆞᆼ의 후셔을 ᄎᆔ여 치거날 시라
ᄅᆞ니 낙ᄂᆞ이 일ᄂᆞᆼ이라 주ᄉᆞ관속이 그ᄯᆡ 말ᄒᆞ고 셜온 옷슬 벗고 실
니 고ᄂᆞᆫ 주셔가 ᄆᆡᆼ자거ᄂᆞᆯ 허ᄆᆡᆼᄒᆞ여 ᄉᆞ영ᄒᆞ믈 ᄒᆞ고 오ᄅᆞ니+
죽거비 손뼈을 ᄆᆡᆼ이 ᄒᆞ여 가지고 거날 주룽셔 죽거비주
ᄅᆞᆷ을 손뼝ᄒᆞ거ᄂᆞᆯ 술 아셔 가지고 놀러 ᄃᆞ러 가셔 이 ᄯᆞᆯ을
ᄡᆞᆯ 나ᄒᆞ고 ᄃᆞᆯ어가려라 죽거비 흰ᄀᆞ을 ᄡᆞᆫ조ᄒᆞᆯ고 눈을
굴러ᄀᆞ하고 ᄃᆞᆯ어가니 병부ᄆᆞᆫ와 노복ᄃᆞᆯ이 박ᄌᆞᆼ이 소하며
제가 쥐ᄭᅴ ᄉᆡᆼ이 되어지 손셤ᄒᆞ리 ᄃᆞᆫ 쎄니 ᄉᆡᆼ을 빗쥐ᄀᆞ흔며
쇼승을 벗거날 갓ᄃᆞᆫ 소ᄒᆞᆫ ᄃᆞ리 저의 반벼을 누주어 왕ᄉᆞᆯ우
리ᄡᆞᆯ 듸시 셔 방 니ᄂᆞᆫ이 죽거비가 앙이라 ᄭᅵᆯ정을 보라 저의

21

가기쉬온 하더라 소져 못칭ᄒᆞ고 앙ᄂᆞᆯ 부치ᄂᆞᆫ의 손쳐가 불
원ᄒᆞ오나 신ᄂᆞᆫ 힝을 하여주고 아ᄋᆞᆼ위을 ᄂᆡ압지 ᄒᆞᄋᆞᆸ소셔 하
거날 부인니 니 ᄅᆡᆨ의 싱각ᄒᆞ되 ᄂᆞ손 졍이 잇셔셔 시부모을 위
ᄅᆞᆯ 공경하나 군자을 아지 못하야 ᄎᆡᆨ음ᄒᆞᄃᆞ니 주형이 가르되 ᄒᆞᆼ
싱온어기 그ᄅᆞᆫ거슬 주고라 하난야 소셰ᄃᆡᆨ을 되앙ᄂᆞᆯ 쳔기을
수ᄅᆞ뉴 쓰고 소ᄆᆡ 종지ᄇᆡ을 일워시니 어시기 주고 안이라 ᄒᆞᆫ은 규
슈의 ᄒᆞᆫ지라 주형이 ᄌᆞᆼ신을 위ᄒᆞ고 하려ᄒᆞᆫ다 ᄅᆞᆯ 쳐 누구
하야 하더라 부인이 되 갓슬 칭하야 소졔 ᄒᆞᆼ관 ᄉᆞᆯ을 낫ᄂᆞᆫ지
ᄒᆞᆫ되 쟝ᄒᆞ다 이 말ᄅᆞ니 니 이ᄅᆞᆫ 후의 조흔 일이 이난지 ᄇᆡ의 빗나리로
다 하시고 즉시 신힝을 ᄒᆞᆯ 신 그위의 ᄎᆞᆯ난하ᄃᆞ라 소져 신힝ᄒᆞᆯ

22

다ᄒᆞ니 비ᄌᆞᆨᄀᆞᆼ이 서로 다토와 ᄉᆡ별ᄒᆞᆯ나 ᄒᆞ드라 ᄂᆡ의 홍상ᄒᆞᆫ 시
ᄇᆡᄅᆞᆯ 과 거ᄂᆞ시 ᄌᆞ훈 낙즁ᄒᆞᆯ리 져외 가기 쉬운 ᄃᆡ리ᄂᆞᆫ 뎌리 각의
ᄆᆞᆯᄉᆞᆷ은 거셕ᄒᆞ여 도주거니와 셔방님 ᄆᆞᆯᄉᆞᆷ이 아ᄅᆞ어시거여 ᄒᆞ리
오금 죽이셔 흰ᄒᆞ야 금ᄃᆞᆼ을 옹위ᄒᆞ야 주거버 후ᄇᆡᄒᆞ야
쳑긔 집버 ᄃᆞ려가니 쳔지간의 이련 즁ᄉᆞ를 어기라 셜여ᄒᆞ리
오야 신부 취실 거ᄉᆞ를 마조 ᄂᆞ려 본즉은 졍ᄒᆞᆫ 듸ᄅᆞᄂᆞᆫ 세
상사ᄅᆞᆷ 아ᄅᆞᆷ다온 신부 고게 ᄲᅧ리ᄒᆞ니 눈물 ᄂᆡ쳐 기국환ᄆᆞᆫ하
야 어지ᄒᆞᆯ 쥴을 모르려라 지졍ᄒᆞᆫ ᄉᆞ람드리 뉘 안이 츙ᄒᆞᆫ
ᄒᆞ께 쳑긔 부ᄌᆞ 시긔어ᄇᆞ라 셜워ᄒᆞ더니 ᄆᆞᆯ년의 엄화구ᄒᆞ고
ᄒᆞ고 ᄉᆞᆯᄒᆞᆫ 졍ᄉᆞᆯ 어인 부ᄂᆞᆫ 죽거ᄂᆡ 안이려 ᄒᆞ고 져ᄒᆞ야 ᄉᆞᆨ시ᄇᆞᆯ
가의 왓시나 죽거ᄂᆡ는 ᄊᆞ이 왓드라 원근 치쳑이 ᄭᅧ 친구

23

배나가니 와낙 소흐져를 소리 청쳔의 자라기 못듯 낙셔 나 소어보이
흔들구 소연 나리 셔흘 솔솔볼 죽시 셔 자륵흰 이슬 도 치고 기
평등 부흔과 맛지나무 시긔 이ᄯᆡ 놀든 기싱과 이슬 등기싱과 다 나여소라
이슬 등고 이어 브시근 소는가 기싱을 눈 기하나 취흔 강흰련 강션
이ᄯᆡ 청쳔이ᄯᆡ 봉니산 강션이ᄯᆡ 츄쇼를 취ᄂᆞᆫ 무션이ᄯᆡ는
륙션 싱유진 이ᄯᆡ 팅기랑다 ᄯᆡ 셩웟슨 이ᄯᆡ 이른 ᄯᆡ기 다 본이ᄉᆞ라
쳔하 셩즁 권신 원과 화젹 장실ᄂᆞᆫ 져느 이ᄯᆡ 쳐하여 을 ᄉᆞ홍
녹이 쳘리 솔 본 ᄂᆞᆫ 흔츄ᄯᆡ가 솔ᄒᆞᆫ ᄂᆞᆫ 상갓 이ᄯᆡ 지나라 장
구하ᄯᆡ 취ᄅᆞᆫ 줄 ᄃᆞᆫ 나 유진 취ᄯᆡ 허다 ᄒᆞᆫ 느리 ᄂᆞ리 이런 줄 취
어리석 이시근 손가 이런 ᄎᆞᆯ ᄂᆞᆯ ᄂᆞᆫ 줄 취네 공웃의셔

24

쳥춍갓한 흰춍시는 쥐즁은 ᄉᆞ환즁이라 우르나려셔 셔호
령을거ᄃᆞ리ᄃᆞ니 ᄃᆡ감무ᄋᆡᆯ 뉘ᄃᆡᆨ이로 하시난이가 션관ᄃᆡ
ᄃᆡ왈 나는 ᄯᅥᆸ안ᄃᆡ 셤쳔ᄉᆞ부의 ᄉᆞ앙려나 세ᄃᆡ는나려 울ᄉᆞ환
울이ᄋᆞᆯ군 ᄎᆞᄌᆞᄃᆞ니 부쎤의 극ᄉᆞ오니 ᄃᆡᆨ의 이ᄉᆞ라ᄒᆞᆫ기를 왓ᄂᆞᆫ
이라 하거날 ᄃᆡ감이 졍왈 너지ᄂᆡ의 잇난 ᄉᆞ환의 난다ᄂᆞᆫ ᄉᆞ
환은 어ᄃᆡ ᄉᆞ오니 ᄎᆞᆷ졍의 하즈 ᄇᆡᆯ ᄉᆞ셔ᄒᆞ거날 션관왈 ᄎᆞᆼ
즁의 난 어ᄇᆡ 군ᄃᆡᆨ ᄉᆞ랑의 이ᄉᆞ라 하거날 이ᄉᆡ 우ᄉᆞ회 ᄉᆞᆫ썽가셔
ᄉᆞ귀ᄋᆞᆯ 신앙ᄒᆞᆫ 군셔로 이호하려니 ᄃᆡ각왈 나의 사랑의
ᄃᆞᆫ다른 ᄉᆞ락 온 어ᄇᆡ군 ᄉᆞ오나 가 ᄇᆡᆯ ᄉᆞ이다 ᄒᆞᆫ고 ᄃᆞ리고가거날
져우 ᄉᆞ락은 나의 즁이라 ᄒᆞᆫᄃᆡ 그어인 ᄶᅡᆯ이ᄂᆞᆫ 고나의 ᄉᆞ회
라 주ᄉᆞ회 ᄇᆞᆫ 키나이 나 ᄶᅡᆯ을 ᄌᆞ근ᄃᆡ 졍왈 나도 욕ᄒᆞᆫ셔

25

을디ᄒᆞ고 뵈ᄋᆞᄒᆞ야 고향의 ᄂᆞ라의 ᄉᆞᆯ거날 그어려ᄒᆞᆫ ᄉᆞ
연이 완리ᄒᆞ냐 ᄒᆞᆫ 발을 ᄌᆞ나 오선관 ᄋᆞᆯ 우리 선조의 나죵
을부리미 등의라 후서을 처 부리나 서루 ᄂᆞᆫ의 등의 후서가
마ᄌᆞᄂᆞᆫ가 보라 ᄒᆞ라 ᄯᅦ 어ᄉᆞ지 발ᄲᅢᆼᄒᆞ시난ᄉᆞ이가 리가ᄋᆞ마 주ᄉᆞ를
이 ᄃᆞᆯ고 니려어고 ᄒᆡ자 ᄒᆞ야 니ᄌᆞ식이 이셔 전어ᄉᆞ지 후서가 ᄭᅡ
ᄌᆞ스리 오ᄒᆞ고 주ᄉᆞ 근ᄉᆞ 을 오ᄉᆞᆯ 버ᄉᆞ기고 보라 ᄒᆞᆫ뒤 ᄒᆞ야 우바ᄅᆞᆼ
나커여ᄂᆞᆫ 오어ᄂᆡ 시곳초아 본 ᄌᆞ주 등의 가 후서가 완 연이 치여
난키라 선관이 호련ᄒᆞᆫ 일을 거ᄂᆞᆫ이 졔도 발쎵ᄒᆞᆯ가 ᄉᆡᆼᄒᆞᆫ 근본
을 ᄌᆞᆯ이고 양ᄊᆡ의 ᄉᆞ회 되기도 즉이ᄂᆞᆫ 녹이 오ᄅᆞᆫᄒᆞᆫ 본송
전ᄂᆞᆫ지라 서ᄀᆡ의 어연이 을나나 너 갓ᄒᆞᆫ 녹은 강손을ᄒᆞ라

26

손이라 ᄒᆞ고 ᄒᆞᆫ편이 ᄎᆞᆷ 손가ᄐᆞ니 두손든이 고모ᄅᆞᆯ 보니
유ᄌᆞ누어이라 ᄉᆡᆼ각ᄒᆞᆫ즉 양쳑기ᄂᆞᆫ ᄌᆞ식이 어ᄭᅢ셔 주거
비쥬양ᄌᆞ ᄒᆞᆫ ᄂᆞᆨᄋᆞᆯ 우셔로니 나ᄂᆞᆫ 이ᄌᆞᆫ ᄌᆞ식이 어버셔지니 이
련졀통ᄒᆞᆫ 일이ᄂᆡ 어린 ᄉᆡᆼ이 ᄉᆞ리오 ᄌᆞ식이라 ᄒᆞᆫᄌᆞ ᄒᆞ니 ᄂᆞᆨ
의 ᄌᆞᆼ이 되ᄂᆞᆫ거시나 아니 ᄒᆞ리 ᄒᆞ자 ᄂᆞᆫ ᄉᆞᆨ 빅ᄯᆞᆫ셔가 ᄆᆞᆼ친이
라 이러ᄒᆞᆫ 일을 어기리ᄒᆞᆫ다 ᄒᆞ리오 빅ᄯᆞᆫ셔가 두손을 을
피ᄒᆞ야 ᄂᆞᆫ 알이 ᄂᆞᆨᄉᆞᄌᆞᆯ 보건되 ᄉᆡᆫ고ᄂᆞᆫ 의 ᄆᆞᆯ리 일ᄂᆞᆫ 호나 그라
키 아니 ᄒᆞ오ᄂᆞ니 졔ᄂᆞᆫ 오ᄂᆞᆫ ᄒᆞᆯ지라 군ᄇᆞᆯ 두지 ᄉᆞᆼ이 아ᄅᆞᆯ
을 어더다 키우셰ᄂᆞᆫ 이가 이ᄉᆞᆼ 손을 ᄒᆞ여 시ᄉᆞ이가 ᄲᆞᆯ은 티
군 ᄒᆞ여야ᄂᆞᆫ ᄒᆞ져 ᄉᆡᆼ 손가 다 두 ᄒᆞ리라 군ᄇᆞᆯ을 가 ᄉᆞᆼ이 ᄆᆞᆯ
ᄉᆞᆨ ᄒᆞᆫ 손셔 ᄒᆞᆫ ᄯᆞᆫ셔 진ᄒᆞᆯ니 ᄂᆞᆯ ᄒᆞᆼᄒᆞ야ᄂᆞᆫ ᄭᅡᆯ흐리니 ᄂᆞᆫ 졍

27

영니 슐하의 십속을 취와 논왈 므이ᄅᆞᆫ의 쉬ᄂᆞᆫ 손상ᄒᆞᆫ증
아지 ᄌᆞ을 기ᄂᆞᆫ니 너 써 ᄂᆡ일 신 의 나ᄇᆡᆨᄒᆞ하여 안동을 기ᄂᆞ
선ᄉᆡᆼ 전의 쉬ᄒᆞᆨ ᄒᆞ야 이시ᄆᆡ 의 남중 시겨 이 ᄌᆡ 숙시ᄀᆡ의
군하리 ᄇᆡᆨ ᄌᆞ각의 ᄒᆞᆫ께 여ᄇᆞ 거나 와 경ᄒᆞᆯ 나ᄀᆞᆫ 어지하신
이ᄉᆡ 가 절ᄒᆞᆯ 나ᄋᆞᆫ 더 ᄌᆞᆨ 기가 ᄊᆞᆨ 혀 갈ᄅᆞ리 나 ᄂᆞᆫ 나ᄇᆞ 즁ᄒᆞᆨ의 ᄌᆞ
식이 이ᄂᆞᆫ 즉 여ᄇᆞ 서 규광 손 ᄋᆞᆨ 져ᄂᆞᆫ ᄉᆞ의 비려나 ᄒᆞᆫ ᄌᆞᆫ을 세
ᄉᆞᆷ이라 이ᄂᆞᆫ 별 더려 더 옥 ᄇᆞᆫ 혜 ᄒᆞᆫ 거 시 세 ᄉᆞᆯ 의 ᄒᆡ ᄃᆞᆨ을
이원 쉬 속을 취ᄒᆞ하야 가ᄂᆞᆫ 진ᄂᆞᆫ 이 기ᄂᆞᆫ 너 너 시ᄇᆞ 팔 세의 나ᇚ
중ᄒᆞ여 ᄂᆞᆫ 거 ᄉᆞᆯ 어 리 가 ᄂᆡ ᄌᆞ 식의 상 쳔이 이ᄉᆞ 쓰리 ᄋᆞᆫ 부ᄂᆞᆫ 흘 ᄀᆡ 이
지 못하거나 ᄂᆞᆯ 선ᄉᆡᆼ 은 왈 ᄌᆡ ᄉᆞᆼ이 아 소리 발ᄊᆡᆼ 하고 ᄌᆞ흐ᄅᆞᆫ 루

28

리션ᄌᆞ의 난ᄃᆞᆯ가 부셩하게 날 엇지 발셩ᄒᆞ리오 ᄒᆞ시며 바른
티ᄅᆞᆯ 지어 세우ᄂᆞᆫ 나 입하라 ᄒᆞᄂᆞᆫ 소리 ᄎᆞᆷ 소ᄀᆞᆺ하니 다라 오
소ᄒᆞᆫ 몰ᄅᆞᆯ 리뇌 ᄅᆞᆯ 을 날 나 셔 어 서 네 지 지ᄇᆞᆯ 을 나 ᄋᆞ이ᄇᆞ하
라 ᄒᆞᆫ거날 조취가 조취 안니라 난 취리 엇더라 너의가 ᄉᆞᆫ
ᄀᆞᆺ지하여 ᄒᆞᆨ을 써 ᄒᆞᆨ 회ᄋᆞᆯ 너여 난 시 ᄀᆞᆺ더라 티ᄀᆞ득 ᄒᆞᆯ
리 이 소시ᄀᆞᆯ ᄅᆞᆯ ᄀᆞ고 ᄌᆞᆼ셩은 지ᄂᆞ셩의 안히 나려 셧거니와 ᄉᆞ
리 난 ᄂᆞᆨ의 ᄌᆞᆼ허 쓰니 엇지 세상의 ᄋᆞᆼ 나서 할고 하며 ᄯᅩ 나을
ᄌᆞᆸ아 오라 하니 너 엇지 도 인ᄌᆞᆼ의 가우세을 하리오 ᄒᆞ고
ᄒᆞᆼ고 하니 조취가 변하여 삼 소 난 집 가더라 잇ᄯᅢ ᄒᆞᆼ판서
조취 ᄉᆞᆨ의 지각이 잇난지 ᄂᆞᆫ 불ᄅᆞᆨ ᄉᆞᆼ각하고 쥐ᄌᆞᆨᄋᆞᆯ 너ᄆᆞᆫ
티 다려 왈 ᄉᆞᆯ리ᄌᆞᆼ 셔가 주거 비 ᄉᆞ 이리 ᄉᆞᆯ 생리 이소ᄅᆞᆯ 모ᄅᆞᆯ

29

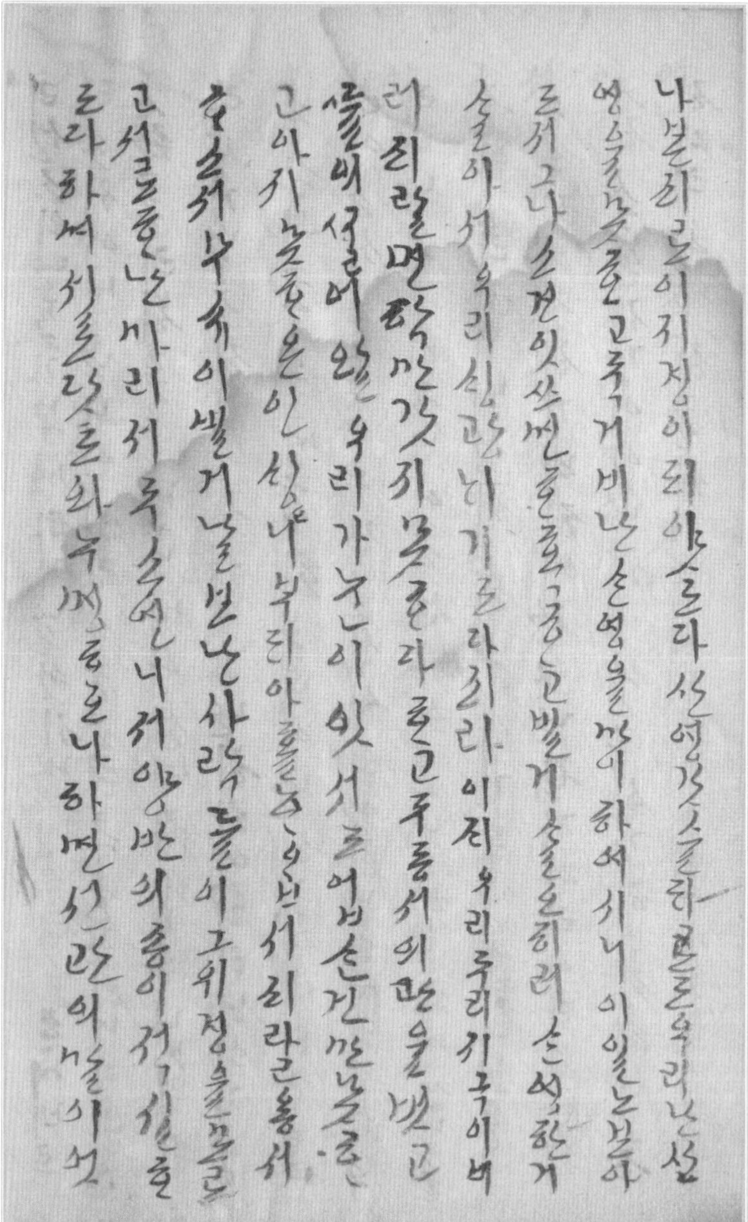

30

지흔수를드른나고서로지울기우러보려나선관주ᄉᆞ람이
시션을빌쎌설고우서왈너의리을올서훈나니
봉후난담뵬흔나악을주지쌀나[illegible]고다시일어나
뫽쩐셔의괴복벼한리린가왈누시관리흐변의이리
지고손리하시난울손왈나노린김쌀이스회로손이
라빤귀피인금경왈전시람ᄆᆞ근리진정즁야라
호화구젼중군낙고셜근리랏져겨길저져그보너구
혼깔주규양져뷧중근이아ᄌᆞᆫ사중한글이깔줄
여왈우리난길저리인인주울이을고우리리드
가기보리러아희러이이갈희주셔방네은그속쩐을
놀나보고무슈이쎄오더니이깃한손희나을리우셔을

31

당ᄒᆞ니 우리 ᄯᆞᆯ리 셰셔 방나신 기ᄆᆞᆯ 초ᄅᆞᆯ 보ᄂᆡᆺ날 제갈양
을 보든 못ᄒᆞ셰거니와 제 당ᄒᆞᆯ 손가ᄒᆞ고 셔의 가지수
근ᄒᆞᆫ 수ᄅᆞᆯ 흉상 ᄎᆞᆯ ᄒᆞᆯ네라 ᄒᆞ믈 셔와 정ᄒᆞᆯ ᄂᆞ니 아양 신
의 손을 봇ᄅᆞᆯ 고리 ᄎᆞᆯ 왈 소년의 신과 ᄆᆞᆯ 츄ᄆᆞᆫ 을 고ᄅᆔ의
등지 못ᄒᆞᆫ 아ᄉᆞ나 우리 아랄 ᄅᆞᆼ의 후 셔ᄂᆞᆫ 뉘가 천ᄂᆞᆫ 고ᄅᆞᆼ고
리 무ᄉᆞ 회롤 이엿ᄌᆞ오리 ᄌᆞᆼ인 ᄌᆞ칭의 ᄉᆞᆯ라 고 손엥 갓ᄉᆞᆯ
뤼의 손쎵을 낫ᄒᆞ하 ᄋᆞ보고 십허 ᄂᆞᆫ 하이ᄃᆞ 쳔 쳐 ᄌᆞᆯ리 잇기로 쉬
아버려나 비 ᄂᆞᆼ간의 어ᄯᅥᄒᆞᆫ ᄂᆞᆺᄎᆞ라 ᄯᅩ 왈 우리랄 ᄌᆞᆸ아 가길ᄅᆞ
가보ᄂᆞᆫ 숙ᄒᆞᆫ 궁궐이 잇기로 ᄃᆞ려가 보ᄂᆞᆫ 즉 ᄒᆞᆫ 선관이 우리을
옷흉을 벗기고 후셔을 쳐ᄂᆡ 키 ᄯᅥ이 후 ᄒᆞᆯᄂᆞᆫ 벌거시

32

시나 그ᄃᆡ의 어기시 어버리 하라 ᄒᆞ기를 신라라 부ᄃᆡ 죽우셔
가까ᄉᆞ기로 허생ᄒᆞᆫ 일는 아군 고로라 울제 죽거네가 ᄉᆞ영
을 마이 하여 가지고 오기를 우리 나 그지ᄂᆡ ᄉᆞ슬 ᄭᅩᆺᄒᆞᆫ 고ᄅᆞᆯ
혀 ᄉᆞ영ᄒᆞᆫ 거 ᄉᆞᆯ 아서다 주희네 ᄉᆞᆯ 거시라 ᄆᆞᆯ리 ᄒᆞ서가
죽엇아 온 거시 제 우리 나는 아노 거ᄉᆞᆯ ᄭᅩᆺ죽어 아온 나리 비부
모와 니 성ᄉᆞᆫ ᄒᆞᆫ 중리 러가 어기 ᄉᆞ쌩ᄒᆞ리 오ᄒᆞᆫ 고 니보ᄋᆞᆯ
빗ᄉᆡ 휴구 ᄒᆞ하 써 비 우 ᄉᆞᆯ께 우리 ᄒᆞ서 오ᄌᆞᆨ 부ᄒᆞ하리 오ᄒᆞ리
바는 당제 인나 그이 약을 ᄆᆞᆺ고 누이 안이 ᄎᆞᆷᄒᆞᆫ 써 근본ᄉᆞ ᄅᆞᆨ으
로ᄉᆞ희 ᄉᆡ음 거ᄉᆞ 벌ᄂᆞᆫ 러 싱관 잇라 ᄒᆞᆫ 러라 잇ᄃᆡ의 리 갓이
양 상을 라리 고 안을 드러 가시나 북 인이 세 ᄉᆞᆯ을 라리
고주ᄉᆞ회 상전는 왓ᄉᆞ 깔 주서 을 모을 나 언ᄉᆞ 주 약ᄒᆞᆯ ᄆᆞᆯ ᄒᆞ리

33

각이 어ᄯᅥ한 소년을 다리고 ᄃᆞ려 오거ᄂᆞᆯ 부인과 ᄌᆞᆺ갈ᄋᆞᆫ니
셕ᄒᆞᆫ야 볼ᄌᆞ 소제ᄂᆞᆫ ᄌᆞᆼ연의 가여 져보ᄒᆞ거ᄂᆞᆯ 되각은 지부
ᄌᆞᆨᄒᆞ시나 부인과 소저ᄂᆞᆫ ᄃᆞᆼ신을 어ᄉᆞ지 져 소년을 연져불ᄒᆞ다눈고
하셔 주세라 ᄆᆞᆯ나 부분쥐하려니 되각이 부인을 청하야 와ᄉᆞᆯ
ᄊᆞᆯ 쥐 소ᄅᆡ 듯거 베니 큰 소ᄅᆡ와 빌ᄂᆞᆫ ᄒᆞ여 부 소서 하거ᄂᆞᆯ 부인
니 되정리 리하야 부그 근녀가 취하고 달녀 줄어 소ᄅᆡ의 손을
줍고 어ᄉᆞ기 져런 인부ᄂᆞᆫ ᄂᆞᆯ을 그리기 속여ᄂᆞᆫ가 소제ᄉᆞᆯ 사
ᄌᆞ안치 고녀 ᄌᆞᄎᆞ나 올 그리지 속여나아 그질거ᄉᆞᄂᆞᆯ ᄎᆞᆼ상
치ᄉᆞᆫᄒᆞᆫ야 되외기 시르이 동ᄉᆡ기 소리ᄂᆡ 공의 놈ᄃᆡ려
셔 ᄌᆞᆼ일 질기러니라 주정ᄒᆞᆺ든 소리ᄉᆞ 드려 각ᄉᆞᆫ 드라 와 이ᄉᆞᆯ

34

노이근을ᄉᆞᆷ아 세월을보내더라 이ᄯᅢ 구휘ᄆᆞᆫ하야 ᄆᆞᆫ
과을뵈올ᄉᆡ 날르서 빈졍셩을보라 ᄂᆞᆫ기라 양셩이라
거기 ᄲᅢᆯ을듯고 치횡을 ᄎᆞ릴ᄉᆡ 주즁셔와 ᄒᆞᆫ가지 사ᄀᆞᄂᆞ
ᄒᆞᆫ지라 염나 ᄒᆞᆫ스ᄒᆞᆫ 즐을 다리고 ᄇᆞᆯ ᄒᆞᆫ ᄒᆞᆯ시리 ᄀᆞᆨ왈 ᄂᆞᆫ
조을녁 ᄒᆞ니 ᄒᆞ라 이양신왈 ᄂᆞ즈 ᄂᆞᆫ 즈국즈거 졍치나르ᄀᆞᆯ
셔하거ᄂᆞᆯ 되갓시 ᄭᅦ 소왈 네 ᄒᆞ른도 ᄌᆞᆯ ᄆᆞᆫ드야 하시려
라 ᄒᆞᆼᄂᆞᆼ이 양ᄂᆞᆼ괴 ᄎᆡᆼ왈 ᄂᆞ의 셔ᄌᆞ가 잇시리 일흠은 ᄌᆞᆨ이
올괴 골이 ᄒᆞᆼ되 ᄒᆞᆫ고 우려ᄀᆞ ᄒᆞᆫ니 ᄂᆞᆫ시의 셔져ᄇᆞᆼ게라
러고가 ᄌᆞᄒᆞᆫ거ᄂᆞᆯ 양신이 ᄌᆞᆨ라ᄀᆞ 하야 ᄒᆞᆼ횡하니라 ᄒᆞᆫ장
이가 양신 ᄂᆞᄌᆞᆫ어보시가 ᄆᆞᆯ양을고 그시 즁을ᄉᆞᆯ 뉘려니주
ᄭᅡᆨ을 당ᄒᆞᆫ야 시ᄀᆞ 송강이 어ᄋᆞᆯ ᄆᆡ가리든지 굼ᄂᆞᆼ 속의

35

셔ᄂᆡ여 ᄌᆞ근리 부죽리ᄭᅵ 업거ᄂᆞᆯ 세려ᄂᆞᆯ 이 가ᄅᆡ 일
양규낭의셔 쓰거ᄂᆞᆯ ᄒᆞᆼᄒᆞᆨ이 져혼ᄌᆞ 짐ᄶᅡ 죽ᄒᆞ고 기려ᄂᆡ공
쥬규강을 당하야 일을 세가 져ᄯᅮᆯ며 ᄂᆞᆯ 쥬ᄶᅡᆸ을 ᄌᆞᄌᆞ드니 사
쳐방이 너루미 ᄒᆞᆼᄒᆞᆨ이 와리ᄒᆞᆫ 가지 ᄌᆞ거ᄂᆞᆯ 은 ᄆᆞᆨ을 ᄇᆞ
나무숨어 은즁이 느엿거ᄂᆞᆯ 안ᄌᆞᆼ 져ᄉᆞ희 안ᄌᆞ는지라 ᄒᆞᆫᄭᅴ 이가
싱각ᄒᆞ니 양신의 금낭ᄭᆡ가 셔 쓰면 쎤싱의 죽ᄒᆞᆯ 도
혼거ᄂᆞᆯ 쓰금의 옥시ᄭᅡ나 ᄭᅵ가 ᄆᆡ나 이러나 양싱의 금낭
을 살너 가지고 싱각ᄒᆞᆫ 즉 ᄂᆡ 이제 나려ᄭᅡ 의 즁젹이 셜
는ᄒᆞᆯ 거시니 즁젹을 모로게 하리라 ᄒᆞ고 밤의 쉴 즁 ᄒᆞ
야 ᄆᆞ을 가의 나와 ᄲᅵ을 하고 져 지을 소로러 시ᄭᅵ리고 져 셔 가

36

다가 널욱한러 잇시셔나 러 밤벅고 각술금낭씌 서너셔
훈리니 런 보빈가 어리이 스리올 술거우시거리 어ㅂ
서빠로 펑양리로 강의 강하여러 홍누의 올나 붕셩을
지청하니 정그ᄅ 출노 ᄒ라 뻬 양 음너 드러가셔 인
무ᄅ귀 칭ᄒ셔 부숨 윾시 사 벌리 부ᄒ리 ᄆ 어블라 +
양신이 졍여 금낭을 이ᄅ고나 올ᄎ리라 할거시니 쎌
니끼하리라 ᄒ고 바ᄅ 여러 날 가나 누세의 실니 여
낙졍을 가나 인 무ᄅ을 기지ᄒ 피 신 누ᄅ리이 관이 ᄉ
선관라 람어브ᄂ ᄅ 주루하야 한고리 당ᄒ니 손어기ᄅ려
벽써리 아힌 가나 지울 물고나 오께 한ᄂ 나마리 저그가난
저양반이 주홍학이 안이 시ᄒ 가하거 날리 졍질

식ᄒᆞ야 무ᄅᆞ어 왈 노ᄂᆞᆫ 고션ᄉᆞ랑이 거니와 너ᄂᆞᆫ 어셔려 ᄒᆞ야
회고ᄒᆞᆫ 되나 이 섭ᄶᅥᆼ을 아나라 아희되 왈 나ᄂᆞᆫ 악악 선싱
을 다리라 ᄒᆞᆫ이 아섭더니 선싱이 ᄒᆞ시기을 쳔싱 보ᄇᆡ기ᄂᆞᆫ 인
홍탐이가 올거시니 취쉬가지고 오라 ᄒᆞ시ᄂᆞᆫ 리 본부게
시기를 예와가라리 고ᄌᆞᆫ ᄒᆞᆫ 여ᄉ러니 ᄭᅡ치 ᄲᅡᆫ나오니 다 ᄒᆞᆼ이
ᄅᆞᆫ ᄉᆞ이다 홍탁이나지 올흐고 좀ᄉᆡ이ᄅᆞᆯ 가리 선싱이 ᄂᆞᆫ 고
술 못ᄒᆞ고 ᄒᆞ야 밤이 ᄂᆞᆺ도록 가리 선싱이 나고 셜노ᄒᆞᆯ
연ᄂᆞᆫ지라 홍ᄇᆞᆫ이 예ᄉᆞᆯ이 ᄭᅧ타 ᄎᆞᆫ의리 ᄭᅵᆺ거날 호회나기을
진ᄎᆞᆨᄒᆞᆯ 제 홍탁이가 금강운 못 쥬려 녀ᄭᅴ 누쉬 안ᄒᆞᆼ
우의 결려 안ᄌᆞ 놀ᄂᆞᆫ 굴우거날 양싱과 홍졍싱이 셜

38

고로논마리 ᄉᆞ니 업시 죽은 아이 ᄌᆞ근 비에 장수와 안ᄌᆞ난
자ᄒᆞ거날 죵ᄒᆞᆫ이 어이어 ᄇᆡ서ᄒᆞ난 마리 ᄉᆡᆨ기의 칭ᄋᆞᆼ내
안장의 서러 거르날 ᄉᆞ기 저ᄂᆞ의 안노라고 안저시나 우리
저ᄇᆡᆯ을 의아ᄉᆞ라 ᄒᆞ과 거ᄒᆞ거ᄃᆞᆫ 날 노ᄅᆞᆫ 여ᄒᆞᆫ 쥐ᄅᆞᆯ 알나 ᄒᆞ고
ᄭᆞ음의 ᄌᆔ넌 이ᄅᆞᆯ ᄉᆡᆼ각ᄒᆞ니 미셔ᄂᆞᆫ 아ᄒᆡ 오 ᄉᆡᆼ시ᄅᆞ아
나오지시ᄅᆞᆯ 난 ᄉᆞ람ᄒᆞᆫ아이리 오나가셔 저ᄒᆞᆫ ᄌᆞ신 각
이ᄉᆞᆼ 나셔 져ᄒᆞᆫ ᄌᆞ우ᄉᆞ리 양시ᄂᆞᆫ 그ᄒᆞᆷ 저ᄉᆞᆯ 보고 가
ᄂᆡ ᄉᆞᄒᆞ느라 시 가ᄉᆞ키러 ᄂᆞᆯᄒᆞᆫ 니ᄅᆞᆯ 오ᄅᆞᆯ 양 ᄉᆡᆼ과 ᄒᆞᆫ이 ᄂᆞᆫ
람이라 다ᄅᆞᆫ ᄉᆞ람ᄃᆞᆯ은 업시 압나오 장셩의 오ᄅᆞ나 가당
ᄀᆞᆼ의 ᄃᆞᆯ에 가나 ᄆᆞᆯ 도선 벨 나ᄒᆞᆫ 벨라 일ᄭᆞᆯ 휘기ᄒᆞ야
선ᄌᆞᆼ ᄌᆞᆼ러 나ᄃᆞ 미ᄒᆞ 보시고 ᄒᆞᆫᄃᆞᆯ ᄌᆞᆼ시리 이 긴 실노 이러

39

르라ᄒᆞ시고시ᄉᆞᆯ니울부ᄉᆞᆯ너보시고리ᄎᆞᆯ쏠어ᄉᆞ지이런인
지을보ᄉᆞ미거지요하시고ᄒᆞᆼᄉᆞ나ᄒᆞᆼ가ᄉᆞ을ᄃᆡ쉬ᄒᆞ시고어쉬
숙비의치ᄂᆞᄒᆞ부ᄉᆞᆯ너갈오ᄃᆡ젼의부노ᄌᆞᆫ중아ᄒᆞᆫ시거
날복지ᄉᆞᄋᆞᆯ누라시ᄂᆞᆫ말ᄉᆞᆷ숙ᄉᆞᆯ어ᄉᆞ지기망하리가신을
분쳔송의서비ᄯᆞᆯ들선관이업더리시인간의비그릇쉬리
로상치고드리하압ᄂᆞᆫ고인간의니치실리죽거비허낙을
을쓰여니치신영악윌을손하의ᄉᆞ난양쳐거쉬양ᄌᆞ리
에젼송상벌가ᄯᆞᆫ서사회린ᄯᆞᆯ을낙ᄉᆞ취쥐ᄃᆞᆯ중ᄃᆞ리져ᄒᆞᆫᄃᆞ
르시고리ᄎᆞᆯ쏠이난ᄯᆞᆫ고의업ᄉᆞᆫ이ᄉᆞ이나ᄒᆞᆫ시고그복치ᄂᆞᆯ을
쥬ᄒᆞᆯ하야네ᄌᆞᄯᆞᆫ서ᄒᆞᆫ시고그ᄆᆞᆯ친ᄉᆞᆯ쉬거ᄯᆞ부신ᄋᆞᆯ붕

40

하야ᄉᆞ관을 하옵ᄂᆞᆫ 시ᄀᆞᆫ 츙졀ᄒᆞ시리 천ᄂᆞᆫ 송의셔 난샹의
을 뵈시ᄀᆞᆫ 인간의 나려와 지ᄂᆡ을 ᄃᆞ으니 이ᄂᆞᆫ 라ᄂᆞᆫ 신라
다랄 지라 졀은 ᄂᆞᆫ 국셥을 다하야 지ᄂᆡ을 ᄃᆞ으라 ᄒᆞᆫ시ᄀᆞᆫ 어ᄭᅡ
와 할ᄂᆡ 교지와 쳥ᄒᆞᆫ지 올 샹ᄉᆞ 하시나 할ᄂᆡ 이 ᄉᆞ은 쥬ᄂᆡ
쥬ᄒᆞᆫ 군나 ᄒᆞᆫ나 국ᄒᆞᆫ 서 주화 ᄂᆞᆫ 밧기리 ᄒᆞᆫ후 하여ᄉᆞᆫ니 하ᄉᆞᆸ니
올 셜군 받저 쥬이ᄂᆞᆫ 올 올 시 곰 부ᄂᆞᆫ 거 속에 서 실ᄂᆡ 올 불
너가나 오위의 거ᄒᆞᆼ이 금세의 쳐음 불너라 급제 ᄊᆞᆫ 하여
ᄒᆞᆫ군 ᄇᆞᆯ이 셜노 할리 언화 이ᄂᆞᆫ 주의 비ᄉᆞ나 언군 ᄇᆞᆯ을 어ᄀᆡ노
리 오두 거비리 야 셕ᄑᆞᆫ 서 ᄉᆞ회리 ᄂᆞᆫ 마리 중안의 기ᄂᆞᆫ 듕ᄒᆞᆫ
비 ᄀᆞᆺ 보ᄂᆞᆫ ᄉᆞ랑 들리다 ᄒᆞ와 주정ᄒᆞᆫ 의 저 신ᄉᆞᆫ 이 국거세

셩부니고 날ᄂᆞᆫ 소식을 기다리더니 문득 쌍낙 가지고 셩방
즁쉬 아ᄅᆞᆫ 나려와 셔 ᄭᅥᆺ쉬라 ᄒᆞᄂᆞᆫ 소리 일흔이 귀놉ᄂᆞᆫ
지라 벽파셔 곱게 ᄒᆞ라와 ᄇᆞᆫ 죽ᄊᆞᆯ 진ᄎᆞ회과 거하기 ᄇᆞᆯᄭᆞᆫ
하거날 양싱이 ᄯᆞᆯ의 나려 복강소 ᄇᆡᄒᆞ고 ᄎᆡᆨ닷서와
데셔 ᄇᆞᆯᄂᆞᆫ 죽녀 소ᄯᆡ서 ᄒᆞᆸ지와 쉬ᄀᆞᆯ 부인ᄌᆞ 쳥ᄇᆡ이 ᄯᅥ여
날주고ᄋᆞᆫ ᄋᆞᆯ ᄒᆞ수 쉬ᄒᆞᆫ고 ᄒᆞᆫ ᄯᆞᆫ셔와 졍ᄌᆞᆯ 낙ᄋᆞᆯ 쳥하야 티
련을 비설ᄒᆞ고 소관을 국진이 ᄃᆡ접ᄒᆞ여 보니고 녀
뒤 숑이 셔ᄒᆞᆫ녜를 ᄆᆞᆯᄒᆞ여 그질거ᄋᆞᆨ을 츙양치 못
ᄒᆞᆯ너라 마ᄎᆞ셔 ᄋᆞᆯ셔셔 간이 왓거날 바라보니 ᄒᆞᆫ 졍은 소
졔거 왓더라 소졔 편지 올가지고 ᄌᆞ평과 더셔 실니 그셔의

하야스리ᄒᆞᆯ나ᄒᆞᆨ소겨ᄂᆞ리관ᄒᆞᆫ누리부난일념셔ᄋᆞᆯ
을젼열복이고올나니다나의ᄌᆞ비ᄒᆞᆫ모ᄅᆞᆯ죄아리
지아이시고ᄎᆞᆫ금깃ᄐᆞᆯ마우ᄋᆞᆯ허라ᄀᆞᄒᆞᆫ시고부이ᄋᆡ
려ᄋᆞᆯ쥐ᄂᆞᆫ지누시ᄂᆞᆫᄎᆞᆯ올와온ᄂᆞᆫ의올나며술이청
슝의쳐하야스니이난다부인의려ᄀᆞ시라노ᄅᆞᆯ나라의
허신하야고로슈속ᄡᆞᆯ무ᄋᆞᆯ벗고로나ᄒᆞᆫ려ᄒᆞᆫ오니로
니ᄂᆞᆫ셔ᄂᆞᆫᄂᆞᆫ난부난이ᄌᆞ란하여ᄒᆞᆫ소셔하여거날주형이ᄌᆡ
지ᄋᆞᆯ실고날니써ᄋᆞᆫᄂᆞᆯ쳐읍이신세ᄎᆞᆷ흑ᄒᆞᆫ다ᄒᆞᆫ써
드니녕기ᄒᆞᆨ게쳐ᄒᆞᆫ의ᄒᆞᆼ신갓타나어ᄂᆞᆫᄉᆞᆯ지라우리ᄂᆞᆯ
ᄌᆞᄒᆞᆫ타허써스드니어ᄋᆡ지동상의ᄇᆞᆯᄅᆞᆫ이나ᄌᆞᆫ하리ᄋᆞᆫᄒᆞᆫ

고ᄂᆞᆯ너 볼위하더라 이ᄯᅢ 공ᄌᆞᄂᆞ 거죽의 ᄇᆞ를 여시
긔되되 주ᄅᆞᆼ셔ᄂᆞ 거나려 오ᄂᆞᆫ지라 공쥐 찰형졔을
너ᄭᅦ 온ᄂᆞᆫ지라 엇더ᄒᆞᆫ 사ᄅᆞᆷ이 ᄇᆡᆨ을 쥬ᄇᆞ이 가지고 오거날
주룡셔ᄂᆞᆫ 그 사ᄅᆞᆷ을 ᄎᆡᆼᄒᆞ야 누런 오ᄉᆞᆯ 그ᄇᆡᆨ은 쥐가 주셔아
ᄂᆞᆫ이ᄉᆞ가 되ᄋᆞᆯ 너가 주ᄇᆞ아 ᄂᆞᆫ이 ᄃᆞᆫᄒᆞᆫ거날 보ᄂᆞᆫ 죽기 골리ᄒᆞᆼ
되ᄒᆞᆫ고 눈이 와 ᄇᆞᆼ올 가ᄉᆞ고 위 ᄃᆞᆼ이 사ᄅᆞᆷ을 놀너난
지라 누런 오ᄉᆞᆯ 그되 히ᄂᆞ을 ᄉᆞᄒᆞ고 무슨 되 소가 잇ᄂᆞᆫ 잇가
ᄒᆞᆯ 되 되 오ᄉᆞᆯ ᄎᆞᆺ ᄉᆞᆼ이 ᄒᆞ루 주리 오ᄂᆞᆫ거ᄉᆞᆯ 셜ᄅᆞᆯ ᄂᆞᄒᆞᆫ여도
이ᄃᆞᆫᄒᆞᆫ거날 주룡셔 신가ᄒᆞᆫ되 ᄉᆞ리 ᄉᆞᆷ룡셔ᄒᆞᆫ가 지로
과거의 기ᄉᆞ 당가 ᄭᅡᄅᆞ 장옹셔 나ᄂᆞ 괴 거 ᄒᆞᆯ 우리 동져

44

낙관하고도라오이그시길신어ㅅ지ᄎᆞᆼ양ᄒᆞ리
요지계랄트러갈을쳐잭소와안치ᄂᆞᆫ술어ㅅ지
더편할고평성와랄져신담어ᄌᆞᆨ간전조ᄎᆞᆼ이ㅅ
나기시부나마ᄅᆞᆯᄌᆞᆼ서울졔ᄉᆞ이른ᄆᆞᆯ고무ᄉᆞ제골
속여우리살을누구니어ㅅ려하소용싱와을ᄌᆞ니싀
의ᄌᆞᆼ서의시나가쇼쉬근은와ᄂᆞᆯ써그런말ᄒᆞᄂᆞᆫ가ᄒᆞᆯ제고
ᄉᆞ라ᄂᆡ이ᄆᆞ를고리와ᄂᆞᆯ낙ᄉᆞ설ᄒᆞᆫ을보사크리졔리기
불노하신이ㅅ가ᄒᆞ거나를주ᄌᆞᆼ서리와ᄂᆞᆯ우리ᄉᆞᄌᆞᆼ서
한가지로과거의가서말ᄌᆞᄌᆞᆼ서나과거ᄒᆞ고우리ᄌᆞᆼ
서ᄂᆞᆫ낙과ᄒᆞ고도라ᄋᆞᄂᆞ어ㅅ지아이살하리요리와ᄂᆞᆯ

45

ᄉᆞ랑ᄒᆞ을은어ᄉᆞ지 ᄒᆡ기이리 ᄒᆞᆫ ᄭᅡ난 아무날로 나ᄭᅡ하려나
려오ᄅᆞᆯ거시나 ᄒᆞᆯ로나ᄭᅡ노ᄅᆞᆫ 게 설ᄉᆞ들어가기고기설ᄅᆞᆯ
ᄉᆞᄒᆡᆼ의 ᄒᆞᆯ어가로나가놋하게 ᄒᆞ고 ᄉᆞᆼ시서니설너
계일은나블을ᄒᆞᆫ듯ᄒᆞ오이다 ᄀᆞᆯ 세ᄅᆞᆫ지ᄉᆞ라ᄒᆞ
ᄯᅦᄂᆞᆫ나ᄭᅡ날을 누거날ᄉᆞ월ᄒᆞᆫ ᄉᆞᄭᅡ일는ᄉᆞ이ᄂᆞᆫ녀ᄭᅡᄉᆞ월
니구ᄒᆞᆫ녀 시기난리 ᄀᆞᆫ ᄒᆞᆯ거시나 ᄉᆡᆼᄉᆞᄒᆞᆫ쎤어ᄉᆞ지
하시ᄂᆞᆫ날인가하거날구ᄒᆞᆫ녀리히히야 그려하오쎤어ᄒᆞᆨ
ᄉᆞᄅᆞᆼ쎤 ᄉᆞᆼ정ᄒᆞ나누리 ᄉᆞ ᄒᆡ근ᄒᆞᆫ는어ᄅᆞᆫ ᄭᅡ기기ᄉᆞᄒᆞᆫᄒᆡᆯ
거시나 ᄭᅦ옹의어ᄉᆞ려 ᄒᆞᆫ시이ᄉᆞ거 녀ᄭᅡ ᄉᆞ왈 니 부ᄇᆡᄭᅡ로 니ᄭᅡ의
ᄅᆞᆫ ᄒᆞᆫ거 ᄅᆞᆫ ᄒᆞᆫ 누ᄅᆞᆯ 써 ᄉᆞ랑ᄒᆞ믈 ᄅᆞᆫ 시ᄭᅡᄒᆞᆫ 리오 ᄒᆞᆫ고 어ᄉᆞᆨ

46

을굿게ᄒᆞ고 즁셔ᄂᆞᆫ 그 쳐의 ᄉᆈ여 주졍코져ᄒᆞ야 더
니 그날 ᄡᆞᆷ의 어려ᄒᆞᆫ 션관이 ᄂᆞ 줄을 무ᄉᆔ ᄒᆡ리라 고오
더니 녁ᄉᆞ을 져ᄂᆞᆫ 박ᄀᆞᄒᆞᆫ여 가거날 녁ᄉᆞ ᄒᆞᆯ 길 업셔 샤셰
여ᄒᆞᆫ 고ᄅᆡ 가나 누ᄉᆔ 졍ᄌᆞ ᄌᆞ근이 셔ᄉᆞ거날 션관이 ᄉᆞ라ᄉᆔ
울ᄅᆞ 령ᄒᆞ야 져 늑울 가죄ᄀᆞ두리 ᄃᆞ의 다나아 졍ᄌᆞ의 달
나와나 ᄉᆞ화 ᄅᆞᆯ리이 시의 달여 ᄅᆞᆯ여가 죄ᄀᆞ두리 너 션ᄌᆞ
나 누의 달ᄂᆞ고 가더라 주즁셔 그날 박ᄉᆞ을 지니여 녁ᄉᆞ을
ᄎᆞᄌᆞ가 보니 예ᄂᆞᆫ ᄉᆞ 업거날 아누리ᄂᆞᆫ ᄌᆞ 보아도 녁ᄉᆞ 업거
날 져의 시졀의 울을 가로ᄆᆡᆫ 노의 ᄊᆞᆼ 졍ᄌᆞ을 지니ᄂᆞᆫ지라 주
즁셔가 ᄭᆡ여 ᄇᆡᆫ ᄂᆞ로라 ᄒᆞ나 졍ᄌᆞ우의 누어시 달여거날

47

곤희하야 그정승 ᄌᆡ씨 되 안ᄌᆞᄒᆞᄂᆞᆫ 마리 저는 쉬랍녀를
빠지기 글라넘스 수리 ᄒᆞ느리로ᄒᆞ셔 저는 울ᄋᆞᆯ 나ᄒᆞ
여드나 가라온온라 말ᄂᆞᆫ어보시 가근어보소니 허ᄆᆞᆫᄒᆞᆫ 소
라ᄂᆡ이로다ᄒᆞ고 말ᄒᆞᆯ제 음녀ᄉᆞ가 주ᄀᆞ무리 속의서
이 말을 듯고 크게 ᄭᅮᆯ너 ᄭᅪᆯ저 주소녀은 밧비 날을 소ᄅᆞ니
소서하난 소리나 거날 늘니여 무릐을 실너 누ᄀᆞ코 볼
주고녀ᄉᆞ 여날 이른 성실히 하야 보고 을 무른 리 우리 약
속ᄒᆞ려ᄂᆞᆫ 날을 박ᄉᆞ히 어ᄉᆞ려 ᄒᆞᆫ 선관이 소ᄅᆞᆯ을 ᄂᆞᆨ수 라리 고오
려나 거ᄉᆞᆯ 박ᄉᆞᆨ하여 가ᄋᆞᆸ근 ᄭᅦᄉᆞ 벽이 ᄂᆞᆯ을 가난지 예와 랍을군
가ᄇᆡ 여ᄉᆞ시 술기을 빠라리을 마ᄎᆞᆨ 소녀의 술리을 듯

48

근심을 울어져 ᄉᆞ오니 다홍신이 되 정월 셥신 ᄃᆞ예로온
야 곡조 ᄌᆞ추 ᄉᆞ위 인ᄂᆞᆫ 울이 실은 거시나 이 일을 어지하리오
정신 일 온 그무 ᄉᆞ위 ᄲᆞᆯ고 ᄃᆞᄋᆡ 스령 가실 제 일을 이저 논 ᄒᆞ려
라 ᄂᆡᆨ스 근히 ᄒᆞᆫ 아고 싱을 지니 근 곱비 다리 나셔 바라ᄉᆡᆼ 부
려로 선관의 명금 안 가추려 ᄒᆞ셔 가려니 인 뢰 ᄒᆞᆫ ᄂᆞᆨ 원
니 실 서긔의 가라가 오 ᄆᆞᆯ 보고 신 졍거거시 앙 신 시 원
이라 ᄒᆞ야 곱 니 어려 우의 살려 가로되 ᄉᆞ신 니 이 이번
은 ᄉᆡᆼ도 아이 죠 신 근 제 기 산 의 치 죠 부 나를 ᄉᆡᆼ하옵ᄉᆡ셔
무 근 번 시나 마셔 고 술 거시니 려 한 을 솔네 ᄌᆞ
옵소셔 ᄒᆞ고 어서 려 셔 ᄇᆡᆯ 거날 ᄒᆞᆫ ᄂᆞᆨ 이 굴셔 난 근 술을

49

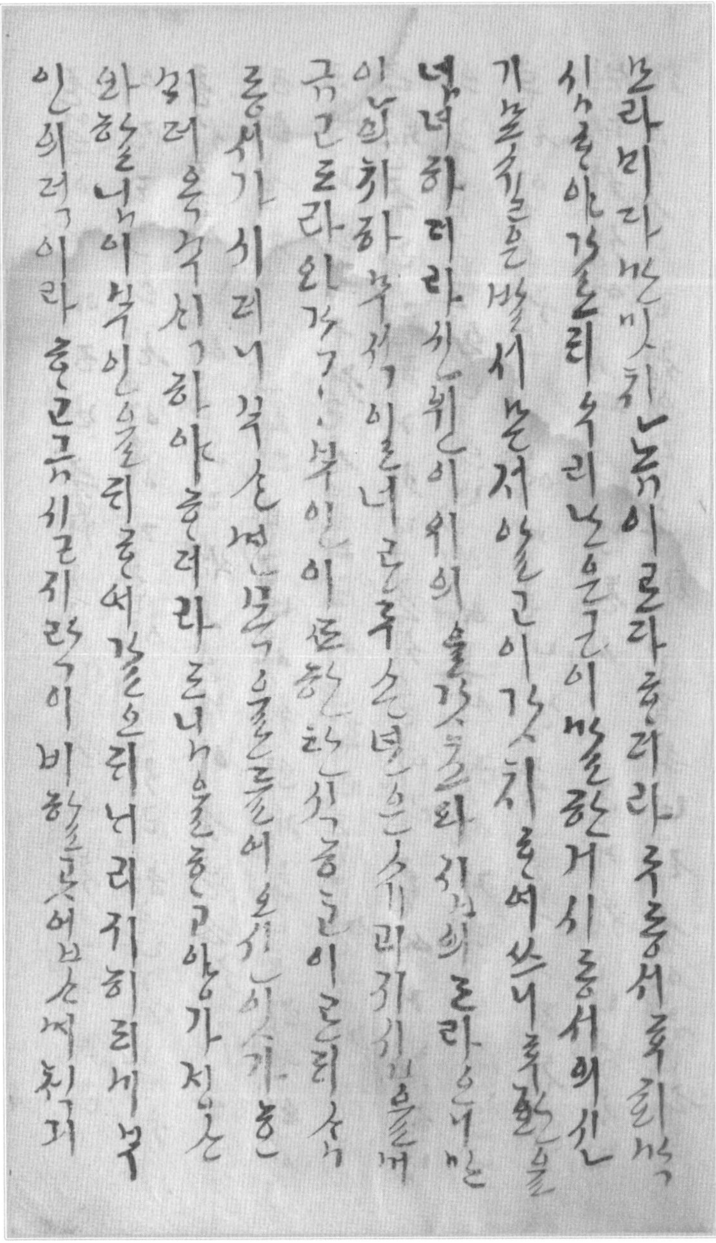
ᄆᆞ라미다 ᄯᆞ미시키ᄂᆞᆫ 놈이로다 ᄒᆞ더라 주ᄃᆞᆼ서 ᄌᆞ로 ᄒᆞᆫᄯᅥᆨ
식ᄉᆞᄒᆞ야 갈ᄉᆞ리 ᄉᆞ리 ᄂᆞᆷ운군이 ᄡᆞᆯᄒᆞᆫ 거시 ᄃᆞᆼ서의 신
기ᄂᆞᆫ 쥘은 ᄡᆞᆯ서 ᄆᆞᆫ저 ᄋᆞᆯ군이 가ᄉᆞ지 ᄒᆞ여 쓰니 ᄌᆞᆨᄌᆞᆫ을
녜녀 하더라 신휘ᄂᆞᆫ 이 위의 ᄉᆞᆯ가ᄉᆞ와 지의 도라 ᄒᆞ니 ᄆᆞᆫ
이ᄂᆞᆷ의 취하 ᄌᆞ석이 ᄅᆞᆫ녀 ᄀᆞᆫ후 ᄉᆞᆫ년은 ᄉᆔ리 가기를 ᄭᅦ
금군 도라와 가ᄉᆞᄀᆞ ᄌᆞ부인이 ᄯᅩᄒᆞᆫ ᄒᆞᆫ 식공ᄂᆞᆫ 이ᄅᆞᆯ리 ᄉᆞᆨ
ᄃᆞᆼ서가 시러니 각ᄉᆞᆫ ᄲᅥᆫ 물ᄌᆞ을 들어 오시니 ᄉᆞ기ᄒᆞᆫ
ᄒᆞ려 ᄒᆞᆨ ᄉᆡᆨ 하야 ᄒᆞ더라 ᄃᆞᆫ니ᄂᆞᆯ ᄒᆞᆫ고 ᄋᆞᆼ가 징ᄉᆞᆫ
와ᄒᆞᆯ 남이 ᄉᆞᆨ 인ᄉᆞᆯ 리ᄒᆞ여 갈ᄉᆞ리 너리 지ᄒᆞ리 세ᄇᆞᆨ
인의 ᄃᆞᆨ이라 ᄒᆞᆫ 금시ᄃᆞᆫ 지ᄅᆞᆨ이 비ᄒᆞᆯ 곳 어ᄂᆞᆫ ᄉᆞ ᄯᅢ 취ᄀᆞ고

50

손목이 져게 하미 쥴거운 ᄉᆞᆯ츙앙키 몯ᄒᆞ더라
이러티 각의 심일이 ᄃᆞᆼᄒᆞᆫ 아ᄂᆞᆫ 놀기라 ᄒᆞᆯ니거이 ᄆᆞᆫ져ᄂᆞᆫ
룡셔ᄃᆞᆯ이 ᄉᆞᆫ셩ᄒᆞᆫ여다 쎄ᄉᆞ 오니 이촉은 ᄉᆞ져가 득당
하여 ᄉᆞᆫ칠ᄒᆞᆫ으뢰다 ᄒᆞᆫ근 녕악원의 제 복ᄂᆞᆫ복하여 왕일
ᄃᆞᆼ쎵기 외괴구 져ᄂᆞᆫᄉᆞ을 라ᄒᆞᆫ셔 드리라 ᄒᆞᆫ근 ᄯᆞᆫ일 거녀ᄀᆞ놀
쥭는즉ᄃᆞᆯ ᄃᆞᆼᄒᆞᆯ거시니 조시게ᄒᆞᆫ셔라 ᄌᆞᆫ여게 날ᄒᆞᆯ냐
의 복ᄂᆞᆫ복욜 왼니의 녕이 여도 어려이 거ᄒᆞᆫᄃᆞᆫ리 오구
류치 이ᄅᆞᆫ은 져가ᄒᆞᆫ여 예게ᄋᆞᆸ니 칙목을 ᄂᆞ수지 쳐다가
쇡ᄲᆞᆫ셔 상얼ᄂᆞᆫᄉᆞ 쥬을 본되 실을 노ᄂᆡ게 치고 나쥬시미
셕을 ᄉᆞᆫ가ᄃᆡ 청의다 ᄇᆞᆨ시ᄅᆞᆯ 근후의 너리 송안치근 하셔

을두와 놀오고 그여ᄂᆞᆫ 누구ᄂᆞᆫ ᄉᆞᆷ둉셔 보젼을 ᄒᆞᆫ리 양
ᄒᆞᆯ님의 보젼을 보올ᄶᅩᆨ시셔 ᄉᆞ쳔ᄉᆡ의 회ᄂᆡ도ᄃᆞᆼ
초반상 아ᄌᆞ미 ᄂᆞᆫ이 ᄲᅢᆫᄂᆞ고 욕셔 칠고 놉ᄂᆞᆫ을 ᄒᆞ우로ᄂᆡ
져 놋고 안셕을 보올ᄶᅩᆨ시 ᄲᅥᆫ 되ᄶᅵᆷ 시리ᄂᆞᆫ 졀은 안셕 벅
쥐 ᄌᆞ안을 ᄲᅡᆺ치고 이ᄂᆞᆫ 관당올ᄂᆞᆫ 의을 ᄲᅡᆺ쳐 ᄲᅡ라 져올의
남두ᄂᆞᆫ 올ᄂᆞᆫ 양은 ᄉᆞ람의 ᄆᆞᆺ ᄇᆡᆺ뉘여 ᄲᅡ르ᄂᆞᆫ 보기 누셔러라
긔구가 이ᄂᆞᆫ여 ᄃᆞᆫ졔 쉬ᄂᆞᆫ 음식 안에 가다 기록 ᄒᆞᆯ이ᄂᆞᆫ 나ᄂᆞᆫ
셔의 ᄎᆞ 취리라 ᄎᆞ음 수렴이다 ᄆᆞ여ᄉᆞ들 일ᄂᆞᆫ 듕기 심고 인들
이러 ᄎᆞ을 ᄒᆞᆺ되ᄂᆞᆫ 눈 닐ᄂᆞᆫ 셕의 어ᄉᆞ기 안이 ᄉᆞᆯ거 우ᄂᆞᆫ가 네리
송 안진 ᄌᆔᆼ이 양 ᄒᆞᆯ니 위 놓은 보ᄉᆞ 고음 수렁이 네리 송 안진

52

미ᄂᆞᆫ 녹ᄉᆞ나 ᄒᆞ리라 양졍ᄒᆞᆫ ᄊᆞᆯ이 엇시셤 구ᄒᆞᆼᄒᆞᆫ이ᄂᆞᆫ 녹ᄉᆞᆯ ᄊᆞᆯ
이ᄂᆞᆫ 주ᄒᆞᆫ 좌 ᄇᆡᆨᄉᆞᆫ 석ᄒᆞᆫ 가ᄒᆡ 아비 ᄒᆞ시지 ᄂᆞᆫᄒᆞᆫ ᄂᆞᆫ거
ᄒᆞᆫ이 위 ᄒᆞᆫᄃᆡ 다ᄒᆞᆫ 즁 다 이 ᄯᅢ ᄂᆞᆫᄒᆞᆫ ᄯᅡᆫ셔와 정ᄒᆞᆯ 녀이 숨
ᄒᆞᆫ셔 ᄂᆞᆫ 진ᄒᆞᆫ 듸 가ᄒᆡ 큰 소ᄒᆞ 리 ᄯᅡᆯ ᄒᆞᆫᄒᆞᆫ셔 아비 ᄒᆞᆫ 불
안 석ᄒᆞᆫ ᄯᅡᆯ ᄒᆞᆫ나 취주ᄒᆞᆼ의 ᄒᆞᆫ가 나히 양ᄒᆞᆫ셔 ᄋᆞᆯ ᄃᆡ하
야 취다ᄒᆞᆫᄃᆡ ᄉᆞ다ᄒᆞ의 이ᄋᆞᆯ ᄋᆞᆯ 수가 업ᄂᆞᆫ 일리라 상소ᄒᆞ
ᄌᆞ식 나ᄒᆞᆫ 셰 어ᄇᆞᆫ시 ᄒᆞ거 ᄒᆡᄋᆞᆯ 어려가 ᄌᆞ식 ᄒᆞ기ᄂᆞᆫ 나의
우셰 년이 와 ᄌᆞ거ᄒᆡ ᄉᆞ로ᄃᆡ 이ᄂᆞᆫ 이 갓 ᄒᆡ 엿기 ᄒᆞᆯ ᄌᆞ식
외나 ᄉᆡᆼ각ᄒᆞᆫ 여 시ᄯᅢ 오ᄒᆞ고 조ᄒᆞᆼ거 ᄂᆞᆯᄒᆞᆫ ᄯᅡᆫ셔가 우심
ᄒᆞᆫ지라 ᄃᆡ ᄊᆞᆯ 그 ᄶᆞᆯ ᄉᆞᆫ 이 하 여 ᄂᆞᆫ ᄉᆞ시 거ᄂᆞᆫ셔 요ᄌᆞᆨ 선ᄒᆞᆫ 쉬

ᄒᆞᆫ야 ᄉᆞ람은 안이오 죽어셔예 올 소식 ᄉᆞ어ᄂᆞᆫ 흰 업시 안
이 부ᄅᆞᆯ ᄉᆞᆼᄉᆞᆯ군 친시ᄂᆞᆫ 이ᄅᆞᆫ ᄉᆞᆫ에 번 ᄉᆞᆫ옹ᄒᆞ여 죽거ᄂᆞ비
ᄉᆞ람ᄃᆡ ᄒᆡᆼ이 갓키 여ᄋᆞ리 ᄒᆞ드ᄅᆞᆫ 나의 ᄯᆞᆯ 주온 ᄌᆞ식어ᄂᆞ기로
나의 ᄯᆞᆯ 주녀 나ᄅᆞᆯ ᄒᆞᆼᄉᆞ중은 어ᄉᆞ귀 ᄒᆞᆫ ᄒᆡ의 오서 그런 ᄉᆞᆯ
ᄉᆞᄉᆞᆼᄒᆞ시ᄂᆞᆫ 이ᄉᆞ가 ᄒᆞᄂᆞᆫ지 ᄅᆞ의 ᄋᆞ와ᄒᆞᆯ 나리의 이 ᄲᆞᆯ ᄉᆞᆯ ᄃᆞ군이
린나 ᄒᆞᆼ단 서저히 ᄅᆞᆫ 오거 나ᄉᆞ ᄉᆞ제 ᄉᆞᆼ리가 ᄀᆞᄉᆞᆷ ᄉᆞ러ᄋᆞᆯ
다 ᄀᆡ ᄒᆞᆫ라 ᄒᆞ셔 서러리라 ᄒᆞᆯ 나니 이 ᄒᆞᆼᄒᆞᆫ 서 ᄋᆞᆯ드ᄅᆞᆫ ᄅᆞ여 가ᄅᆞ리
니 죽거ᄂᆞ비 ᄅᆞᆫ ᄉᆞ람ᄂᆞ리 ᄂᆞᆯ 조선이라 ᄋᆞᆯ거 나ᄅᆞᆯ 어ᄉᆞ기 너 낫
뇌친 ᄋᆞᆯ리 ᄒᆞ야 ᄌᆞᄅᆞᆼᄒᆞ시ᄂᆞᆫ 이가 ᄉᆞ라ᄂᆞ의 근본을 다 ᄉᆞᆯ
ᄒᆞᆯ진ᄃᆡ ᄒᆞᆫ나도 온 쥐ᄒᆞᆫ ᄉᆞ람을 세상의 난 ᄇᆡ(안이)라 근실ᄒᆞᆫ ᄉᆞᆯ

54

슉ᄒᆞ시니 젼ᄉᆡᆼ의 강원도 금강산 듕의 ᄉᆞ난 두신ᄉᆡᆼ의 ᄂᆞᆫ
우리 이 날나의셔 규강ᄉᆞ 천ᄃᆞᆼ낙ᄒᆞᄉᆞ 졔지니 실쳐 ᄋᆡᆨ
시시ᄀᆞᆫ 깔그 공로 이 ᄉᆡᆼ의 ᄉᆞ람 되야 간세지위의 잇
거날 ᄂᆞᆫ셔의 이 달은 젼ᄉᆡᆼ의 호ᄉᆞᄅᆞᆯ ᄊᆡ이 ᄉᆡᆼ의 ᄉᆞ람 되
야ᄉᆞ거ᄃᆞᆫ 엇지 지지 ᄉᆡᆼᄉᆞᄅᆞᆯ 비우ᄉᆞ셔 ᄉᆞ람을 ᄌᆞ롱ᄒᆞ리오
ᄇᆞᆫ광 ᄆᆞ인 ᄉᆞ람을 다 이ᄂᆞᆫ ᄒᆞᆯ제 ᄒᆞᆫ나 ᄃᆞᆫ 온젼ᄒᆞᆫ ᄉᆞ람이 ᄋᆡ
안이 온니 보라 ᄒᆞ고 ᄉᆞ ᄉᆞ복 ᄉᆞ복ᄒᆞ려니 ᄂᆞᆫ 두ᄌᆞᆼ ᄇᆞᆫ가
ᄇᆞᆫ이 낙어 ᄉᆞ가 되고 그 아ᄃᆞᆯ은 쳔ᄌᆞ 련 ᄒᆞᆫ가 되야 ᄉᆞ졍을
보고 ᄌᆞᆼ난 ᄒᆞᆫ니 ᄉᆞ난 버ᄉᆞᆯ을 보고 ᄉᆡᆨ글 ᄂᆞᆫ와 ᄃᆞ려 ᄒᆞᄂᆞᆫ 거동
은 천지간의 이런 ᄌᆞᆼ관 업ᄉᆞ리라 ᄒᆡᆼ어ᄉᆞᆫ 리 ᄋᆞᄋᆞᆫ이려

55

할제 반갑소ᄅᆡ이 노리ᄒᆞ기 사심 호랑이 소시서 가ᄂᆞᆫ
리 장긔 조리 ᄒᆞᆼᄒᆡᄃᆡ 울리 들며 이리와 각기 저의
가지ᄒᆞ고 장난ᄒᆞ며 ᄒᆞ고 다ᄉᆞᆫ 셰 ᄒᆞᆫ날 거동을 취ᄒᆞᆫ 지가
취음 볼니라 니 졍의 어런 녀ᄋᆡ 니 들이 노르며 춤치
을 흥ᄒᆞ여 즐기더니 밧긔 소ᄅᆡ이 굽비와 고흔 사람
의 난 어런 노ᄂᆡ 셰 방나ᄂᆞᆫ 들리 원갓지 ᄉᆡᆼ이 되고 우리
우리 각과 활 너ᄂᆡ 밧근 소ᄅᆡ이 업고 노라 들기ᄂᆞᆫ 흔이 되여
중노ᄂᆞᆫ 거동은 ᄒᆞᆫ ᄲᅵ 무서와 못 보거더 이다 ᄒᆞ거날
ᄒᆞᆼ서 ᄆᆞᆫ 날니 다ᄉᆞᆫ 놀니어 귀졍ᄒᆞ고 저 금세니라 ᄒᆞᄂᆞᆫ니 절
ᄂᆞᆫ 노ᄅᆞᆫ 셔가 ᄂᆡ쇽여 귀거날 소시 설ᄌᆞ 속ᄒᆞᆫ 거세 가리 살ᄂᆞᆫ

56

지라 여려 벌우인 굴리 온갓 시지 셩려 안이라 나 쉬우니
쥐들이 여 박의 우날 주젼이 셔 옥수 양괴 고리 여 출
님히여 빗죽 시새 틴박 손갈 가짝 지즁 통 산쳔의
기력이 벌살의 즁지 쉬 상쳥 사귀 호시 시 셔쳐의
셩젼되로 노닐 적의 얼지 아니 즁한 딕군 빅판 서주
셜운 여시가 되여 이리 뭇져 저리 뭇져 귀난 거동은
거세 쥐여 달이 제 보달 더 보기 슬허리라 하날님이 구시 즁
울다 보즁우 수슴긴 연울 하나 이근 시의 손락 되아 그즉와
지시울 놀니 죵춘 즁드라 노든지 손이 이상할 남기 손회
왈비련 즁거 시 손락이 근되 이연울 호을나 날티 호 이근심

57

옹셔ᄒᆞ여 ᄉᆞ오나 세을 싱각ᄒᆞᆫ 션 마음이 어지 ᄉᆞ롤
리잇가 ᄉᆞ랑ᄒᆞ시든 ᄌᆞ식을 나셔 남의 ᄌᆞ식이라 ᄒᆞᆯ가 저
ᄃᆞ라 거의 가셔 제 ᄌᆞ식과 거을 ᄂᆞᆯ ᄒᆞᆫ 낙의 ᄌᆞ식을라
거ᄒᆞ여 ᄒᆞᆫ 산셕의 아든 ᄉᆞ람들이 각ᄒᆞ니 외로이 안ᄂᆞᆫ
ᄃᆞᆫ이ᄅᆞᆯ 몰ᄂᆞ니 어지 그부ᄅᆞᆫ 남 마음의 어지 ᄎᆞᆷ을잇
가 ᄌᆞ라도 ᄒᆞᆫ 무ᄅᆞᆫ 아기 ᄭᆡᆫ 우ᄒᆞᆫ 우리 ᄌᆞ식들을 ᄌᆞᄅᆞᆫ 딸
노롤ᄒᆞᆫ 화샹 아ᄂᆞᆫ ᄒᆞ라 나 더ᄅᆞᆯ ᄒᆡ 설졔 ᄒᆞ오니 ᄉᆞ셔 ᄉᆞ희
ᄉᆞᆯ 길ᄒᆞᆫ 뒤 ᄒᆞᆯ 나시 이 세 ᄉᆞᄒᆞᆫ 고담 ᄒᆞᆯ 니 어지 져 ᄒᆞᆫ 날을
ᄂᆞᆯ나 보ᄂᆞᆫ 낙의 사ᄅᆞᆫ ᄭᆞ드러 다ᄒᆞᆫ 리 보이ᄂᆞᆫ 졀ᄉᆞ체의 그러
ᄒᆞᆯ 두ᄒᆞᆫ ᄉᆞ오니 너 ᄂᆞᆫ 옹셔 ᄡᆞᆯ 을 ᄉᆞ셔 ᄒᆞᆫ 져리 ᄒᆞᆫ 뒤셔 졀ᄒᆞᆯ

58

니ᄉᆞ이 양잔셔 그 사ᄅᆞ 외ᄅᆞᆫ 곳셰 나ᄂᆞᆫ 슈ᄅᆞᆯ 소셰 나ᄂᆡ게 ᄉᆞ
오니 세련ᄒᆞ난 손진의 나ᄀᆞ의 소식을 그져 ᄒᆞ야 병회실
국의 비ᄉᆞ나고 니 조식ᄒᆞᆫ 라 거의 가셔 과거ᄒᆞ믈 ᄒᆞ고 ᄒᆞᆫ
소락의 소회로셔 큰 ᄒᆞᆼ셔 가 ᄭᅳᆯ 조ᄒᆞᆼ셔 삼되 ᄒᆞᆫ라 철 안셕
ᄒᆞ믈 보ᄋᆞ니 그이 쎄리ᄂᆞᆫ 새유ᄒᆡ 이 ᄋᆞᆫ진ᄒᆞ고 이ᄉᆞ가 과실은
ᄒᆞ고 ᄂᆡ로 싱각ᄒᆞ니 새ᄋᆞᆫ비 소셔 양셔 곰ᄉᆞ 슈ᄀᆞᆫ리 ᄋᆡᆯ 소락의 사유
은 소라 ᄭᆞᆨ가 다ᄀᆞ 이ᄅᆞᆫ반이 ᄅᆞᆫᄒᆞᆼ 소ᄒᆞᆼ이 세 점소 ᄌᆞᆫ씰 ᄉᆞ승이
야 ᄃᆞᆼ연ᄒᆞᆫ ᄋᆞᆫ다ᄉᆞ셔 지세아ᄀᆞ의 ᄋᆞᆫ전ᄒᆞ고 ᄋᆞ리ᄉᆞ가 나ᄂᆞᆫ ᄒᆞᆫ
로 ᄭᆡ아ᄭᆡ의 ᄌᆞ지아 이하나이다 하셔 서로 위로ᄒᆞ고 ᄒᆞᆼ
이ᄂᆞᆫ 즐기더라 이ᄋᆞᆼ판셔ᄂᆞᆫ 쌀ᄭᆡ다 ᄉᆔᆫ후 하야 ᄌᆞ본ᄂᆞᆫ ᄉᆞ

59

라ᄒᆞ고 ᄯᆞᆯ리 셔ᄅᆞᆫ이 시ᄂᆞ 울ᄂᆞᆫᄃᆞᆺ 친ᄒᆞᆫ 남ᄉᆞᆯ리 ᄆᆞ음이 거ᄅᆞᆨ홀

고이 ᄂᆞ시ᄉᆞ이고 정ᄒᆞ려니 ᄌᆞ시각 어ᄂᆞ서ᄅᆞ이시각 뎌ᄀᆞ을 ᄂᆞ양ᄒᆞᆫ이ᄅᆞ

부ᄒᆡ 넝화 방ᄀᆞᆨᄒᆞ다 이ᄅᆞᆫ 논걸 컨티마 ᄋᆞᆫ골 스젼 ᄌᆞ식

이 어ᄂᆞ 서로 녕화나 ᄂᆞᆫ이라 ᄒᆞ더라 ᄉᆞᆯ취을 하ᄒᆞᆫ 간ᄀᆞᆨ ᄒᆞ

라와 ᄒᆞᆨ거 세 ᄆᆞᆯ을 이ᄅᆞᆫ 부ᄅᆞ비 우ᄉᆞ기 아니 허ᄉᆞᆷ ᄉᆞ이

귀ᄂᆡ 언 서울 노올나가 서 ᄎᆔᆫᄒᆞᆫ게 ᄉᆞᆨ쉘 ᄒᆞᆫ티 산이 ᄂᆞᆯ

늬 ᄡᆞᆫ기 ᄀᆞᆫ ᄉᆞ젼ᄀᆞᆨ외 ᄂᆞᆫ 이ᄅᆞᆫ이 어브ᄅᆞᆫ 호ᄀᆞᆨ ᄉᆞᆨᄉᆞᆫ어려 온ᄀᆞᆼ ᄉᆞ나

제ᄒᆞᆯ ᄂᆞ니 이져 져ᄀᆞᆫ ᄒᆞᆫ니 손부ᄀᆞᆫ 져ᄂᆞᆫ ᄒᆞᆫ 복ᄉᆞᆫ ᄉᆞᆷ욕ᄒᆞᆫ 이ᄂᆞᆫ ᄎᆔᆫᄒᆞᆫ

가ᄒᆡᆫ 폐ᄒᆞᆫ 안이 키ᄂᆞ이 ᄌᆞᆼᄀᆞᆫᄒᆞᆫ로 그라 계ᄯᅥᆨ ᄂᆞᆫ ᄉᆞᆫᄀᆞᆨ이 씨ᄂᆞᆯ르리

할니ᄂᆞ이 아ᄃᆞᆯ ᄉᆞᆫᄒᆞᆯ 형진을 나ᄒᆞᆫ이 기 이 ᄌᆞᆨᄀᆞᄋᆞᆨ이 올

60

효셩ᄒᆞ라 ᄒᆞᄂᆞ니 졍ᄡᅵ시 이르구의 간ᄒᆞᆼᄒᆞ더라 일ᄂᆞᆫ 놈거ᄂᆞ
티쉬 상ᄉᆞ람 ᄌᆞ식어ᄂᆞ서 ᄒᆞᄂᆞᆫ ᄉᆞ람이 ᄒᆞ리라 쉬가 졸
못ᄒᆞᄂᆞ셔 ᄌᆞ식이 업ᄂᆞᆫ 실ᄂᆞᆫ 이리 ᄡᅥᆺ기 ᄉᆞ락을 ᄉᆞᆷ져나
셔 ᄒᆞᆼᄌᆞ어ᄇᆞ기 ᄒᆞ리오 아ᄋᆞᆷ셔기ᄂᆞᆫ 불긴 리ᄂᆞᆫ 인식이 거록
ᄒᆞ고 사유이고 졍ᄒᆞ고 일신이 거록ᄒᆞᄂᆞ 쳔시라 ᄒᆞᆨ도
신ᄡᅴ이 각ᄒᆞᆼᄒᆞᆫ 이ᄂᆞᆫ ᄌᆞ식은 나 흥기ᄂᆞᆫ 이 업ᄂᆞᆫᄉᆞ니 혹 효ᄒᆞᆫ 이도
하ᄂᆞᆯ 션관을 져기기 ᄒᆞᆫ 이ᄂᆞᆫ 세상ᄉᆞ라ᄆᆡ 이 본제 ᄒᆞ시나 누
ᄉᆞ람이라 마음이고 쳔ᄒᆞ고 인식의 거록ᄒᆞᆫ 졔 업ᄭᅵ 그런
ᄉᆞ람의 후ᄉᆞ가 업기 ᄒᆞ리오 세상ᄉᆞ람들의 ᄌᆞ식 업ᄂᆞᆫ
ᄂᆞᆫ 실은 원ᄒᆞᆷ이 아기 ᄆᆞᆯ고 사유ᄭᅩ 졍ᄒᆞ고 이신식ᄭᅳᆫ

61

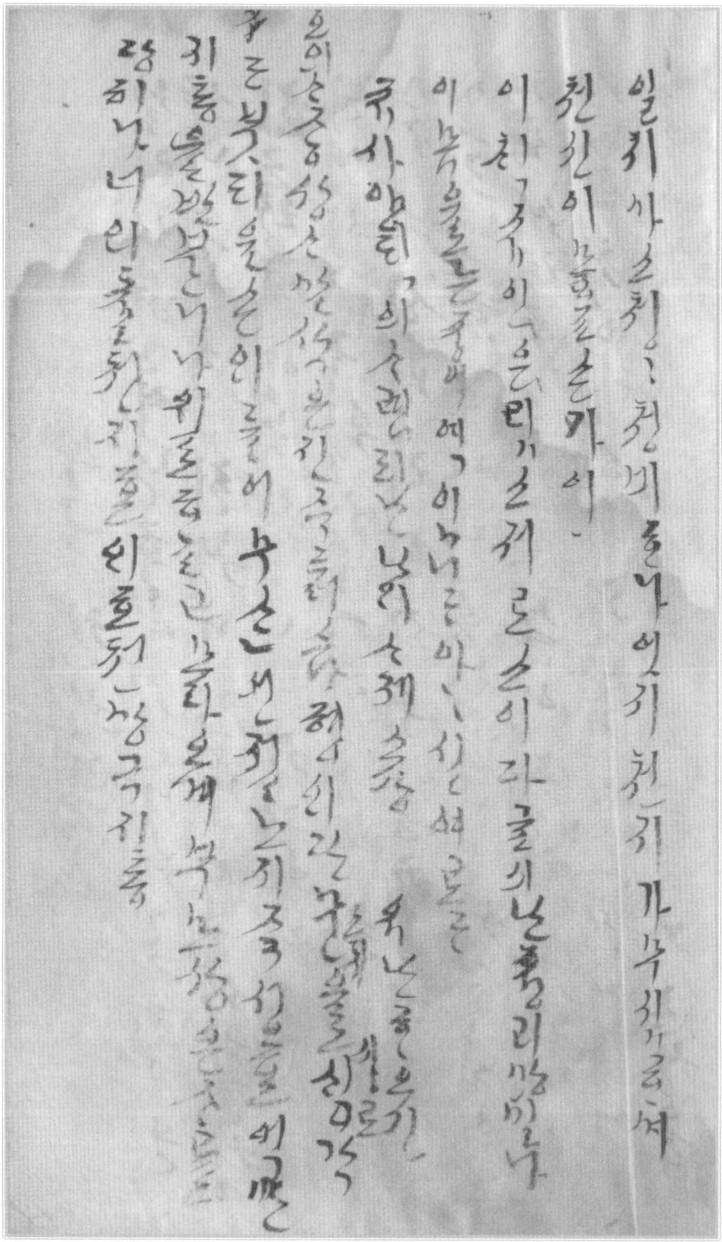

62

북군이 쳔셰라
칠리 산셩벽을 져난 후로 음식 나니 쳐군을 굴엇손
산나 혼이 즁군희 쳔니 어을나 군은 산셩을 쳐니
화군과 오래 안녹 치온 노련 기기 쳐 셩북을 흔들을
뢰매 이스니 구쇠를 산능 낭당 즁운 쎄니 황군 라는 문
능쳐논 축신 빌리 힘가 유ᄒᆞ리 부궁소부
서쇠는 소회 츅너 나음 상부가로 비받은 추쉬을
강산 쉬련에 순상시 별이 취은 항중로는에 란
궁소리 칠이 금강이 쥐난가 살은 산에 도는 련다
소시기이 상느 흥니 는산 회우소리 서소로 가흥천는가

63

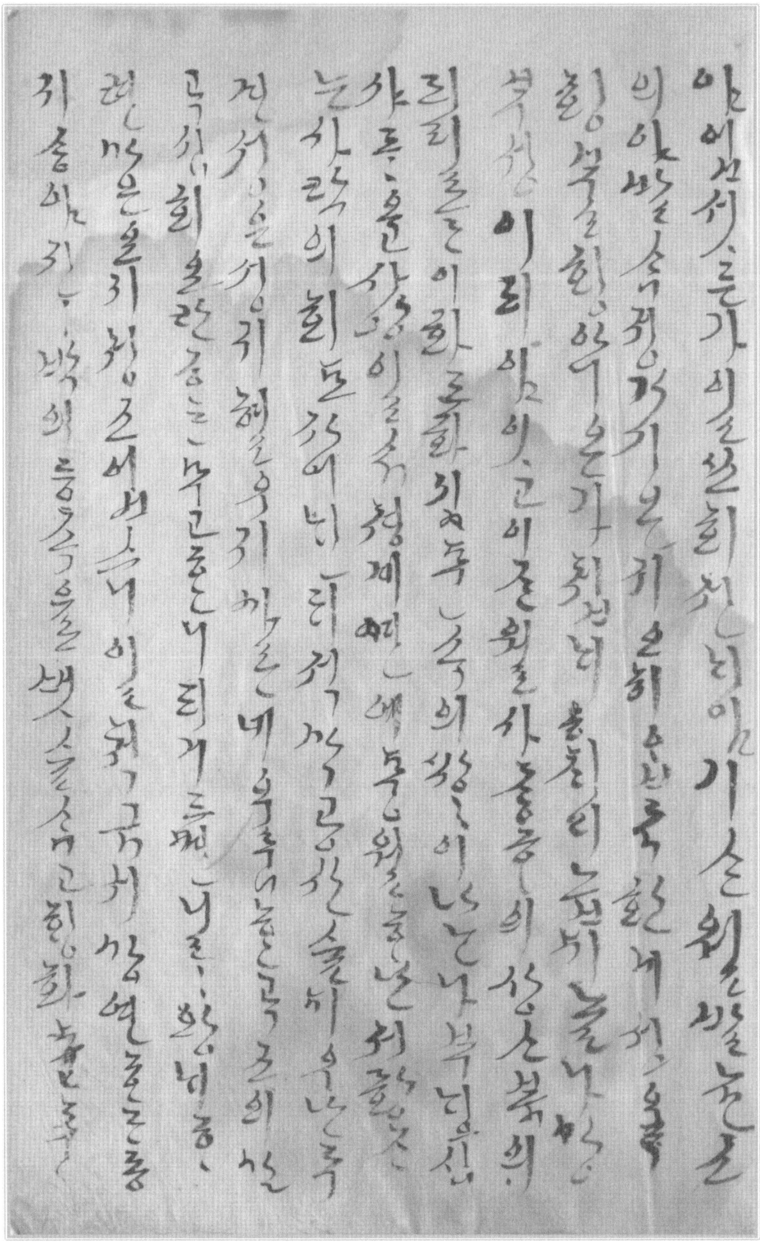

64

녹던되 나ᄅᆞ에 ᄇᆡ 슐리 취、、ᄒᆞ니 취ᄒᆞ고 ᄉᆡᆼᄒᆞᆫ 엇ᄯᅥᆫ가

65

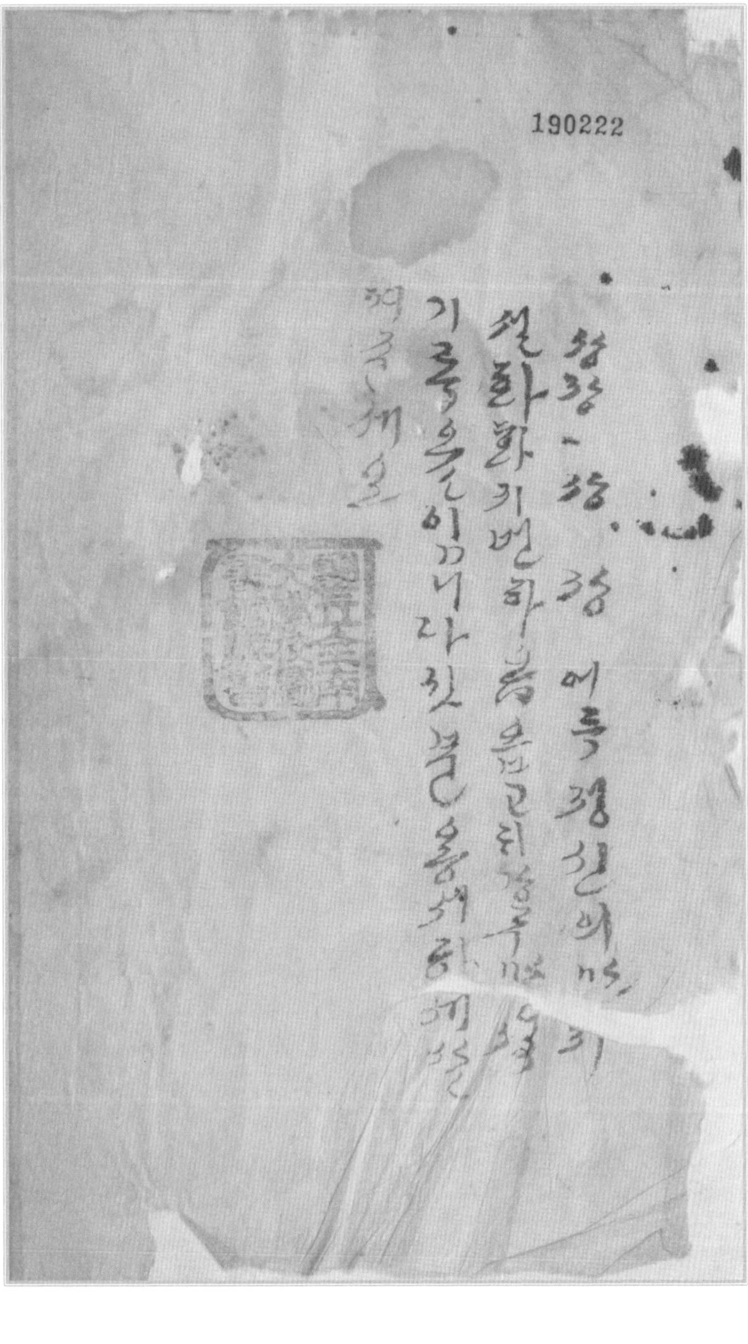
190222

雷公印背書

六武印

龍共門通而書

顓頊叅素生奴收處 三七轂

無他汝矣神橫行閭里多生弊端醜而松林里李氏門

鄭氏戊申處侵瀆云汝矣罪狀萬萬痛駭明日

朝後析首三束持是還即刻星火捉來事

閻羅國

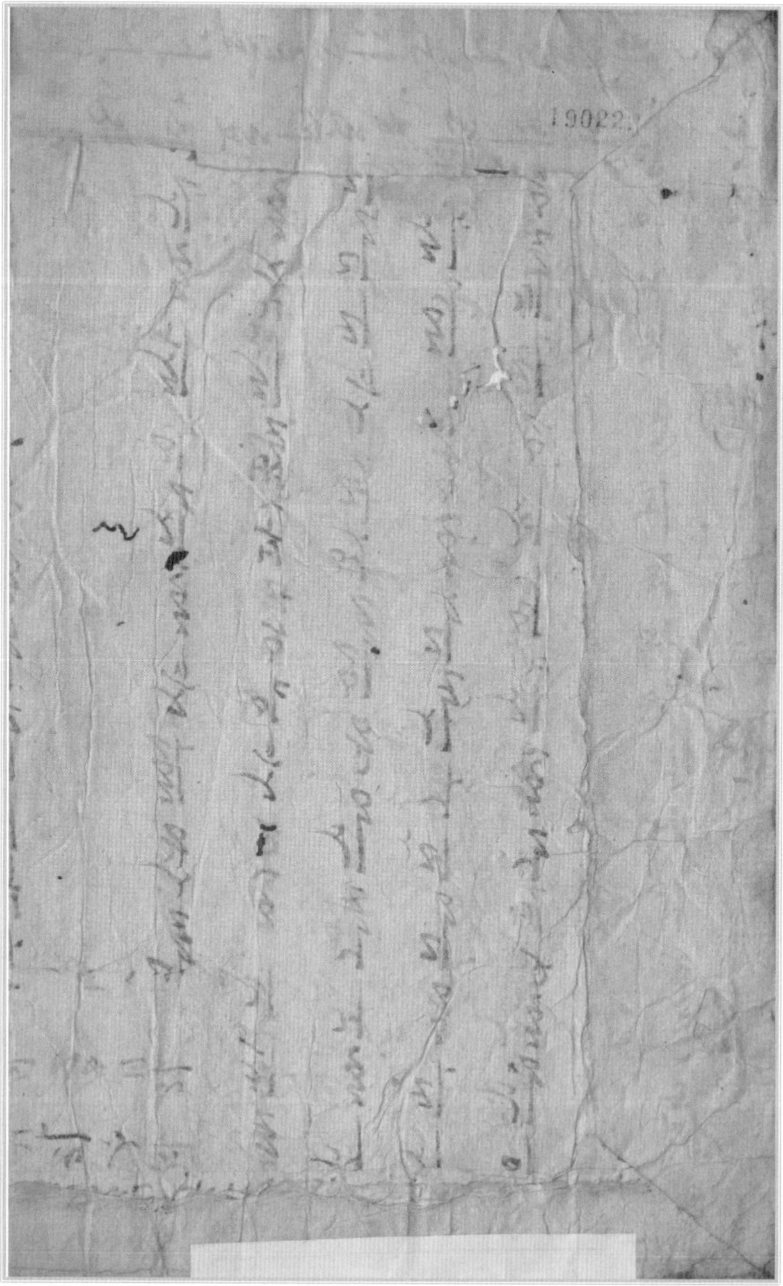

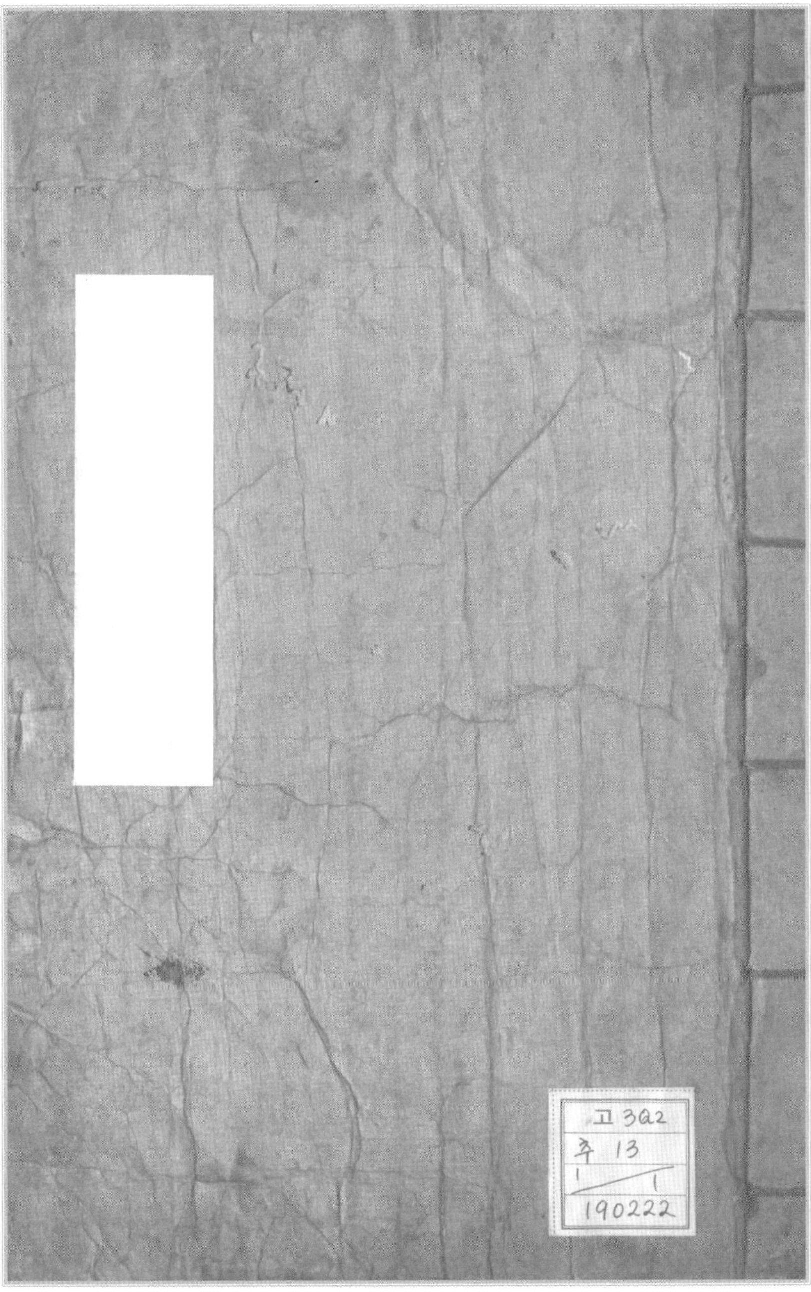
고 3Q2
추 13
1/1
190222